하늘은 별로 가득차 있는데

양재오 한·중·영 시선집

梁在五 韓中英詩選

하늘은 별로 가득차 있는데_양재오 한·중·영 시선집
초판발행 | 2020년 1월 29일
편집·번역 | 양재오 신부
발행인 | 박찬우
편집인 | 우 현
펴낸곳 | 파랑새미디어

등록번호 | 제313-2006-000085호
서울특별시 마포구 서교동 357-1 서교프라자 318
전화 | 02-333-8311
팩스 | 02-333-8326
메일 | adam3838@naver.com

가격 : 12,000원
ISBN : 979-11-5721-125-8 03800

하늘은 별로 가득차 있는데

양재오 한·중·영 시선집

梁在五 韓中英詩選

● 시선집을 엮으며

지난날 지은 시와 옮긴 시를 가려서 엮으며, 여기에 실린 시 한 수(首)의 제목을 이 시선집의 이름으로 정하고, 그 이름에 어울리는 빈센트 반 고흐의 '별이 빛나는 밤'을 앞 표지에 실었다.

작은 별[지구]에 몸담고 사는 우리는 정작 주변의 무수한 별들의 존재를 잊고 지내기 일쑤다. 설령 그것들이 내 기억의 바다에서 잊힐 때 조차 실제로는 여전히 그렇게 빛나건만.

하늘의 별만 그런게 아니다. 그러한 것은 내 삶과 주변에도 부지기수다. 다만 우리가 남기는 글[기록]을 통해 그렇게 잊힌 것 가운데 '어떤 것들'이 되살아나 우리의 기억의 공간에 '소환'되고, 거기서 그 존재와 의미를 재확인하게 된다.

타이완 신주 샹산 新竹 香山 에서
양재오 보나벤투라 신부

차례

3

4

5

6

7

1

첫날을 맞이하며

새해 첫날 해맞이에　가슴 설레며
사람들은 저마다　그 첫날에
각별한 의미를 두곤한다

그런데　우리가 맞이하는 오늘을　생애 첫날이요
마지막 날로 여기면
오늘 맞이하는　해오름의 순간에　어찌 더욱
환희 속에 경탄하지 않을 수 있으랴

지상에 해가 떠오르지 않는 곳이 없으므로
　　아침 해맞이 위해　멀리 가지 않고도
　　내 삶의 터전에서　환희의
　　그 첫 순간을 넉넉히 맛볼 수 있다

황혼녘　아무런 미련없이　그렇게
저무는 해 바라보며　그 무엇으로　가슴 가득
충일해지면　그 때 우리는
하루　생을 제대로 완수한 것이니
　　평안한 밤 맞이하게 될테고
　　곤히 쉬는 그 밤이

창조의 일곱째 날 맞이하는　달디 단
안식과 다를게 없다

창조와 생명의 하느님 안에서　그렇게
숨 쉬고— 움직이고— 살아가는— 존재는
새날의 아침에도　안식의 저녁에도
(또 하나의 시편 작가 되어)　어찌
그분의 영광을 기꺼이 찬미하지 않을 수 있으랴

목련— 그 수줍은 미소

한껏 물오른 뽀얀
우유 빛— 목련은
갓난아기의 살결

향이 은은하고 깊은
사월의 꽃— 목련

그 깊고 그윽한 곳에서
발그레— 피어오르는
수줍은 미소

결의 노래

4월의 꽃—
목련에 눈길을 주니
하얗고 뽀얀 질감이 망막에 촉촉이 드리운다
손끝에 살포시 전달되는 촉감 그윽하다
엷디 엷은 향—
목련 결에서 피어오르는 향기
콧속을 타고— 폐부 깊숙이 스며든다

결—

그것은 실재를 드러내는 질감이요
자신을 전달하는 숨결이다

결—

그것으로 안과 밖— 이쪽과 저쪽이
서로 통한다

나뭇결
물결
바람결

살결
숨결

결— 결— 결—

무수한
결—

결은 질감이 있다—
거친 것에서 부드러운 것까지

질감
그것으로 자각한다—
실재를

결—

오늘도 그것은
내 숨결에 닿고
나는—
그것과 하나가 된다

사월이 간다

밝고 경쾌한 봄날을 지낼수 있었던 것은
순전히 따사로운 봄볕—
환한 얼굴로 마주 했던 목련— 진달래—
너희 덕분이다

틈나는대로 보내는 눈길따라
가슴에 뽀얗게— 빨갛게 배어 들던
저들은
이제 사월과 함께 그렇게— 표표히 떠난다

태풍 나리

오늘 포르모사는
나리가 다스리는 날

천만 갈래 소리
모처럼 하나로 잦아들고
오직 나리의 소리 하나로
우렁차다

너와 나의 혈세(血稅)로 하루하루 연명하는 정객(政客)들
제 밥줄이 어디에 달린 줄 망각하고
허구한 세월—
쉼 없는 쌈박질에 이리치고 저리밀고
저들끼리 힘겨루기 지칠줄 모르는데

어흥—

나리— 한 소리에 다들 숨죽인다
도대체 님의 힘과
그것이 뻗치는 곳 알 수 없으니
두렵기 그지없다

나리님—
설마하니 무고한 시민과 약삭빠른 정객은
구별 하시죠?
저들의 눈을 부디 잘 들여다보시어
주름잡힌 눈매— 눈물 배인 어여쁜 이들
만은 부디 살펴주소서

▒ 포르모사: 타이완(Taiwan)의 별칭으로 쓰이며, 포르투갈어 formosa의 음역이고 '아름다운'을 뜻한다.

▒ 나리(Nari): 2001년 9월 타이완에 내습한 태풍의 이름이다. 나리는 타이완 유사이래 아주 드물게 보는 태풍으로 그 위력이 대단했다. 한국인에게 그 태풍의 이름이 인상적으로 다가온다. 태풍 나리(Typhoon Nari)!

포르모사의 비통한 기억

1

누가 4월을 잔인한 달이라 그랬나?
1999년 9월 21일을 기억하는
포르모사에게— 그건 낯선 말

1999년 9월의 포르모사
하룻밤 새 무려 2444명의 목숨
앗아간— 그 비통한 날의
기억을 떠올리는 오늘은
921 타이완 대지진 2주년

두려움에 장악된 밤
위로 아래로— 왼쪽으로 오른쪽으로
혼을 빼놓을 듯 온통 뒤흔든 밤— 나홀로
지진의 공포를 온몸으로 삼켰다

지금 난— 이년전 바로 그 자리에 앉아
그 밤의 공포를 다시 훔쳐 본다— 그날 밤
날 공포의 도가니로 몰아넣은건 정말— 말없이
포효하던 지진 때문이었을까?

2

죽음의 위기에서 가까스로 벗어난 이들
방송 마이크 들이대면— 누구나
앵무새처럼— 반복했다
겁나게 무서운 지진이었다[고]
그런데— 정말 두려움에 떨게 만든 건
그 때문이었을까?

아니다—
그건 바로 지진의 얼굴로 다가온
죽음의 공포!
내 존재를 한 조각도 남기지 않고— 이
지상에서 싹 쓸어 가려던 그 파괴력이
나를 두렵게 했던 것이다

3

마치 엇그제 휩쓸고 지나간 태풍 나리처럼
대청소 하듯 한바탕 휩쓸고 지나가면
폐허의 도시 외에— 도대체
무엇이 남는가

어제 존재했던 것이 오늘 존재하지 않는다

산 자들에게 사라져간 것들은 언젠가
잊히게 마련이다

태풍이 온 섬을 몇날며칠 뒤 덮었을 때—
태양이 도대체 있는 것인지 의심스러웠지만
봐라—

오늘 아침 태양은 그저— 며칠 외출했다 돌아온 듯
너무나 태연히— 고개 내밀고
시장통 사람들은 마치 아무 일 없었던 듯
이리기웃— 저리기웃 분주히
오간다

그런데—
생명의 실상을 여전히 꿰뚫어 보지 못하는
우리네 보통 사람은
폐허의 도시— 육친의 이별
일그러지고 사그라진 형상들을— 견디어 내기
너무 벅차— 깊은 슬픔에
잠겼다

▒ 여기서 타이완을 간단히 소개한다. 아래 글은 동팡웬(董芳苑)이 쓴「신앙과 습속(信仰與習俗)」(臺北: 人光出版社, 1995年1月 增定版)에 소개된 타이완의 지리 환경과 역사를 소개하는 부분에서 발췌했다.

▒ 타이완이라는 지명은 초기 타이완 남부의 원주민이 오늘날 타이난시(台南市) 근교의 사저우(沙洲)를 그들의 발음으로 타이완(Tayouan)이라고 부른데서 비롯된다. 17세기에 중국 본토에서 타이완으로 이주한 이들 – 이름하여 탕산런(唐山人)이 이 명칭에 의거하여, 한자로 타이위엔(台員), 따이위엔(貸員) 혹은 타이완(台灣) 등으로 부르게 된 것이다. 그러나 '타이완'이라는 명칭은 청나라(淸朝) 강희(康熙) 대제 23년(1681년)에 정식으로 청(淸) 정부에서 받아들여졌다. 그리고 당시 청 정부는 지금의 타이난 시에 타이완 부(台灣府)를 설치했다.

▒ 지리 영역으로 보면, 타이완은 실제로 평후 군도(澎湖群島)까지 포함한다. 그러고보면 타이완의 지리 영역은 크고 작은 78개의 섬으로 구성된다. 곧 타이완 본 섬은 13개의 부속 섬을 거느리고 있고, 타이완 섬 서쪽에 있는 평후 군도는 모두 14개의 섬으로 구성 된다.

▒ 16세기에 포르투갈의 항해가가 처음 타이완을 발견하고 해안에 상륙하여 답사한 뒤, 그 아름다움과 기후에 매혹되었다. 그 뒤 타이완은 그들의 항해도에 삽입되었고, 아름다운 섬(美麗島, Ilha Formosa)으로 명명되었다. 그리고 평후 군도는 어부들의 섬(漁翁島,Ilha Pescadores)으로 명명되었다. 그 뒤 유럽인들이 모두 이 섬들을 그와 같이 불렀으며, 이 섬들을 중국 무역의 근거지로 삼으려고 했다.

▒ 타이완 본토의 면적은 모두 35,759km^{2}이고, 그 부속 도서까지 포함하면 35,834km^{2}이다. 타이완 섬은 그 모양이 고구마나 방적기계의 방추(紡錘) 혹은 바나나 잎처럼 생겼다. 본 섬은 종(縱)으로 제일 남쪽에 위치한 어루안삐(鵝鸞鼻)에서 제일 북쪽의 푸꿰이쟈오(富貴角)까지 총 길이 394km이며, 횡(橫)으로 제일 동쪽의 신강(新港)에서 제일 서쪽의 신서(新社)까지 그 폭이 144km이다.

▒ 타이완 섬과 중국 대륙 사이의 최 단거리는 135km이고, 두 곳 사이에 평균 200km 정도의 폭을 둔 타이완 해협(海峽)이 동서로 가로지르고, 그 해협의 위치는 푸지엔성(福建省) 동남해상에 위치한다.

▒ 그리고 타이완 섬의 형세가 특이한데, 산간지역이 3분의2를 차지하고 있고, 3분의1이 평지이다. 해발 3,000m 이상 되는 봉우리가 62개이고, 그 가운데서 22개의 봉우리는 3,500m가 넘는다. 그 중 위산(玉山)은 3,950m로 타이완에서 제일 높은 봉우리다.

▒ 타이완의 기후는 해양성 기후에 속하며, 고온다습하고 비가 많이 내리고, 지진과 태풍 그리고 홍수가 빈번히 발생한다(매년 7, 8, 9월은 태풍과 홍수가 내습하는 계절이다). 이러한 기후 때문에 민간 신앙이 발달한 이곳 사람들은 자연히 수웨이리우공(水流公)과 장위구(張玉姑)와 같은 물귀신[水鬼]을 섬긴다. 그리고 음력으로 7월은 타이완의 만성절(萬聖節)이라 할 수 있는 귀신의 달[鬼仔月]로 지낸다.

비무장 지대

쌍방이 공동으로 남겨둔
비. 무. 장. 지. 대.
빼곡한 잡목 틈새— 철조망 가시들
틈새로 눈을 내민다

시간의 무게 더할수록
유혹의 도가 증가하고

몰래 딱 한번 들여놔 볼까— 딱 한번
쌍방이 한발씩 물러서면 좋으련만— 도대체
물러설 생각 없어 보이나

세월의 비바람에 녹아 파삭파삭
삭아드는 철조망 터지는 일은— 결국
삭아드는 시간을 따르지 않을 수 없을 것이다

▒ 3년 여 한겨레를 재앙 속에 밀어 넣은 한국판 남북전쟁[내전]의 정전 발효 50주년 되는 2003년 7월 27일 지은 글이다. 비록 정전이 발효 중이지만, 사람들은 이미 전쟁과 상관없이 산지 오래다. 종전이 선언되지 않은 현 상황은 아랑곳 하지 않고, 사람들은 여전히 시집 장가 가고 아이 낳아 키우고 늙고 병들고 이승을 떠난다. 이런 상황에서 철조망으로

남과 북을 가르는 비무장 지대가 더 이상 무슨 의미 있을까.

이런 배경에서 남북 쌍방이 비무장 지대(DMZ)에 과도하게 설치하여 운영하던 자신들의 감시초소(GP) 220 여 곳 가운데, 남북의 사전 합의에 따라 11곳을 시범적으로 각자 파괴했고, 2018년 12월 12일 남북 쌍방 검증 인원들이 서로 군사분계선을 넘어 상태측 감시초소를 직접 방문하여 그 결과를 교차 검증했다. 이는 1953년 7월 27일 정전협정 체결 이후 65년 만에 처음 있는 일이었다. 이로써 그동안 남북이 첨예하게 대처하던 비무장 지대에서 군사적 긴장이 대폭 감소했고, 한반도에 평화의 기운을 더했다.

목구멍이 포도청인 사람들

목구멍이 포도청인 사람들은— 더 이상
무서울 것도 두려울 것도 없다
일용할 빵 한 조각 얻을 수 있다면—
가족을 떠나 가는— 검푸른 바다도 무섭지 않고
죽음의 그림자가 드리운 사막도— 두려울 게 없다

아— 목구멍이 포도청이라
일용할 양식 얻기 위해— 작열하는
사막의 뙈약볕도 마다않고
빵 한쪽 얻기 위해— 모래바람 안고가는
저들의 반쯤 감긴 눈—
갈길은 제대로 찾고 있는지
입에 씹히는 것 있으니
한 조각 빵이었으면— 좋으련만

저들처럼 뿌리뽑혀— 바람같이 사막을 유영하는 이들에게
모래가루가— 입 언저리와 눈과 코 주름진 이마와 입가에 까지
파고들고— 패인 골짜기마다 그렇게— 수북수북 쌓여 간다
사막을 가로질러 얼마를 더 가야— 모래가루 대신 밀가루—
일용할 빵을 얻을 수 있을꺼나

▒ 아프리카 중서부에 위치한 나라, 니제르(Niger)의 농업 노동자들이 일자리 구할 한가닥 희망을 품고 리비아(Libya)로 가려고 테네레(Tenere)를 건너가는 사진을 '내셔널 지오그래픽(National Geographic)'에서 보았다. 거의 200명에 달하는 노동자들이 대형 화물차 한 대에 빼곡히 올라타고 테네레 남쪽에서 출발하여 사막을 가로질러 북쪽을 향한다. 노동자들로 가득한 화물차는 사막을 가로질러 나아가는 도중에 무슬림 노동자들의 예배를 위해 정해진 시간에 잠시 정차하기도 한다.

그대는 구름

무엇에도 얽매이지 않고
바람[風]따라 허공을 유영하는
그대의 이름은— 구름[雲]

있었는가 하면 사라지고
없었는가 하면 나타나는
늘 그렇게 이리저리 출몰하는— 그대

인(因)과 연(緣)에 따라
나타났다 사라지고
사라졌다 나타나는
그대—

아무런 걸림 없이 떠다니다 멈추고
그러다 다시 떠나기를 반복하는
그대— 그대의 영원한 벗은—
바람— 이어라

댓돌 위 시간_하나

이른 아침 잿빛 허공에서
쏟아져 내리는
빗방울
댓돌 위에 부딪쳐 파열된다

타-타-타-타-탁— 트-트-타-타-탁—
바람결 따라 터져나오는 파열음
불협의 협화음
강하고 약하게— 약하고 강하게
가슴 속 파고들고 온몸— 휘감는다

때 이른 장마 시작되었다는 일기예보 끝나기
무섭게 성질 급한
장마 비 내습하니
댓돌 위는— 숨쉴 틈 거의 없다

경쾌하고 중후하게— 중후하고 경쾌하게 탁—
타-타-타-타-탁— 트-트-타-타-탁—

불연속의 연속
시간은 그렇게
댓돌 위에서— 흩어진다

댓돌 위 시간_둘

아침부터 쏟아지는 장마 비
내습 알리는 그 첫 전령은— 댓돌 위에
유리구슬 되어— 튀어오른다

쏴~아~쏴~아 질풍 노도의 시간
지난 뒤— 잠시 머무는 정적— 그
틈새로 우~웅~우~웅
바람이 전기줄 타는— 소리

뒤 이은 또 한번의 정적— 물
먹은 나무 숲이 연주하는— 묵직한
저음에 화답하는
현 소리— 풍금 소리

수줍은 듯 여리게 뽑아내는— 팝페라
가수의 청아한— 아베 마리아— 거기에
화답하는 유리창의 작은 떨림

비— 바람— 나무숲— 댓돌— 유리창— 전기줄의
퍼포먼스— 그 소리의 향연 연출은
스스로— 자(自) 그럴— 연(然)

시간을 듣는다—

시간의 여울을 따르는— 그

소리 듣는다—

비 바람— 한 가운데서

가슴에 뿌리는 비

추적추적 비가 뿌립니다
소나무 숲에도
창가에도
그리고 내 가슴에도

비 내릴 때
들리고 뵈는 것이
온통 비 뿐이외다

적이 위안이 되는 비야
때가 되면 그치련만
내 가슴에 뿌리는 비는
그치기를 아주 잊었나 봅니다

가을이 흐르는 강

이제 한가을도 절정이다
인적 드문 강변에 한 번 서 보자
강물은 늘 그랬듯이 자기 갈 곳을 향해 말없이
굽이굽이 흘러간다

가을의 강물은 유난히도 팽팽히 부풀어 오르고
그 등줄기는 시리게 푸르고
날 선 면도칼 끝을 그 등줄기에 살짝 갈다 대기만 해도
금방 터져버릴 듯하다

아— 터져버린 그 틈새로 원시의 생명력이 그냥
속수무책으로 뿜어져 나올 것 같은 외경(畏敬)에
잠시 얼어붙는다

팽팽히 긴장된 푸른 등줄기에 가을 햇볕이
잠잠히 내려 쪼이니
생명의 동력이 그렇게 공급되나보다 그것은 아마
그렇게 하지 않을 수 없는 본연의 행위일 게다

곧 분출할 듯 원초적 생명의 기세를 다독여
안으로 안으로 삭힌 채 한가을의 강물은 그렇게

굽이굽이 흘러간다
제 갈 길 향해 유유히 흘러가는 그 시퍼런 등줄기에
가을 햇살이 눈부시다

▒ 한국의 강의 이미지를 떠올릴 때 쉽게 연상되는 곳이 있으니, 그곳은 바로 북한강과 남한강이 만나는 두물머리[兩水里]다. 내 기억의 바다에서 그곳은 한국의 강의 대표적 이미지로 자리한다.

가을 비

자기 무게를 가까스로 견디어 내고 있던 먹구름이
기회를 엿보고 있다
참고 참았던 눈물을
가을 찬 바람 핑계 삼아
쏴 아쏴 아— 쏟아 붓는다

고공 낙하하는 가을 빗방울들이 지난 여름 시끌 했던 세상의 잡음을 씻어 내리고 여름 내 쌓였던 속진의 때를 벗겨준다. 끈적끈적 달라붙던 지난 여름의 걱정과 고민이 아직 너를 놓아주지 않는가? 이 참에 한 바탕 통쾌하게 울어재껴라. 사람들은 본시 미소 머금은 얼굴과 웃음을 예찬하고 울음을 장려하지 않지만, 쏟아 내리는 빗줄기에 네 눈물을 보태고 그 소리에 네 울음소리 묻어보아라.

일년 내내 한번도 울 줄 모르는 사람이 일년 내내 비 한 방울 내릴 줄 모르는 건조한 하늘과 다를 게 뭐냐? 삼년 한발에 파삭파삭 타들어가는 대지처럼 눈물 잃어버린 너의 정서 또한 마르고 말라 스쳐 지나기만 해도 풀풀 날리는 먼지와 다를 게 뭐냐? 웃고 싶을 때 웃고 울고 싶을 때 울어라. 우스울 때 웃는 것처럼 울고 싶을 때 울 수 있는 것은 스스로에게 한줌의 자비를 베푸는 것이다. 한바탕 눈물을 뿌리고 나면 네 가슴은 새털처럼 가벼워질거고, 소나기 한차례 쏟아진 뒤의 하늘이 천산(天山) 호수처럼 맑고 깨끗해지듯 그렇게 투명해질 거다.

초가을 뜨락에서

햇볕으로 달궈진— 북회귀선이 지나는— 섬나라
대양의 수증기란 수증기는 모두 흡수하여
찜통같은 더위 몇날며칠 계속되고
태양은 여전히 작열하지만—
탈수 잘 된 빨래를 뽀송뽀송 말리듯
모처럼 처마 그늘에서 맞는 상쾌한 바람
잠시 한더위를 잊는다—
고즈넉한 안마당 한가운데 외로이 서있는
여린 모과나무
바람따라 무심히 이리저리 흔들리고
그 위에 쏟아지는 초가을 햇볕은 여전히 뜨겁다—
때로 하늘을 잠시 가리는 먹구름으로
　　황혼녘 지나 밤이 깊어갈수록
태양의 존재가 잠시 잊히기도 하지만—
햇볕은 언제나 그렇듯 쨍쨍 내리쬔다

▒ 본문의 "섬나라"는 타이완(台灣)을 일컫는다.

2

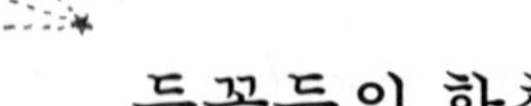

들꽃들의 합창

님이 지휘하는
들꽃들의 합창을 들으니—
발랄한 소녀 소년들이
밝은 목소리로 손을 마주잡고
삶의 환희를 노래하는 듯합니다—

일터는 우리 삶의 수를 한땀 한땀 놓아가는 삶의
현장이 아니겠습니까

그와같은 현장에서 차별받고 소외되는 사람없이 함께
얼굴 마주하고 손 맞잡고 언제까지나
삶의 환희를 노래할 수 있다면— 얼마나
신나고— 좋을까요

황혼녘

허공을 교교히 물들이던 그 빛은 이미
어둠에 삼켜지고— 대신 짙은 어두움이
그 자리를 한가득 채운다

바닥이 거의 다 드러난 돌담길 옆
연못에서 쉼 없이 울어재끼는 개구리들
소리— 짙은 밀도로 빽빽이 채워지는 어둠 속을
쾌속정처럼 요란한 소리 내며 쏜살같이 내닫고

잠시 후—
사위는 깊은 정적 속에
푹— 잠긴다

여운

바닥으로　바닥으로 타들어가는— 촛불
누가 그 고요 속 움직임을 꿰뚫으랴
홍건히 젖어드는 수고의 눈물도 금새 말라버리니

심지 맨 밑창에
마지막 빛을 밝히고도
어떤 미련이 아직 남아 있는가

한 순간에 흩어질 희미한 흔적일지언정
한껏 긴 여운을 남기고 싶어 마지막— 불꽃이
춤추듯 그렇게— 하늘하늘 허공을 쫓는다

멈추어 버린 시간

쫓기듯 옷깃 바람
날리고—

종종 걸음으로 지나는
행인들의 발자국은 소리 없이
잦아들고—

귀먹은 듯 물고기는 눈으로
소리를 쫓다
지치고—

멈춘 시간 앞에 정적이
흐르고—

동지(冬至) 지난 며칠 뒤

동지 지난 며칠 뒤
겨울 의자에 기대어 고개들고
하늘 쳐다본다

오늘 하루 고단한 동장군
겨울잠 자고있나
따뜻한 겨울 햇살 백열등 같아
구십춘광(九十春光) 봄볕 무색하고

하릴없는 길손
성북동 옛 성곽 돌아
바람 한 점 없고 한가한 나무의자에 기대앉아
허공을 응시한다

소리없는 세월
한해의 끝 자락에 앉은 그는
훌쩍자라 길게 드러누운 시간의 그림자를
애틋이 응시한다

파도처럼

가고— 오는—
상념의 나래는
온종일

파도처럼
그렇게
몰려오고 쓸려간다

뿌리뽑힌 상념은
자유로이　그렇게
부유하며

언제나　그렇게
왔다가—
간다—

메콩강

속내 드러내지 않고
유유히— 잠잠히
흐르는 강

어제와 오늘
그리고 아마
내일도

여여(如如)히
흐르고— 흘러가는 메콩

그 다음을 간직한 채
오늘도— 흘러간다
그렇게— 그렇게

고향

하나 둘　늘어가는
나이테 속에
새겨진 지난 날 추억은
시공의 경계를 넘어
영원히　지워지지 않을
가슴 속 고향에　자리한다

이별

이별 중의 이별— 그것은 사별이지요—
생각만 해도 가슴이
무척이나— 시려옵니다

죽음보다 강하고 질긴— 희망 만이
어떻게든 그— 시린 가슴을
다소나마— 다독여 줄 수 있을테지요

이별과 만남— 만남과 이별은
날줄에 맞서는 씨줄—
씨줄을 맞는 날줄과— 달라 보이지 않습니다

그 둘의 희비가 교차하며
직조되는 가운데—
실제로 우리의 삶이— 직조되어 갑니다

그렇습니다—
이별의 아쉬움— 그 뒤에
또 다른 만남이 기다리고 있듯이—

생의 마지막 큰 이별— 그 뒤에
어떤 큰 만남이— 분명히
기다리고— 있을테지요

영원한 처소

때가 되니—
거역할 수 없는 자신의 운명을 예감한 듯— 이파리들이
제 어미 품에서 벗어날 때— 비감한
심사— 얼굴에 역력하다

몸 한 번 부르르 떨고— 제 어미에게
작별을 고한— 저들
안으로— 안으로
울음 삼키고

온 몸 허공에 내 맡긴다—
유영하듯 하나 둘 날개 짓 하는— 저들
나풀나풀
새로 머물
지상으로— 지상으로

새로 마련된 처소에 자리 튼— 저들
하나 둘 그렇게— 잠이든다
마치 약속이나 한 듯— 한자리에
옹기종기

누구는 일찌감치 먼저— 그리고
누구는 이제 막 이 곳에— 내려와
곤한 몸을 뉜다— 그리고
제 앞서 자리에 든
저들 곁에 누워— 뒤척이고

뒤척이다— 마침내 저들처럼— 그렇게
영면(永眠)에 든다
다시 깨지 않을 꿈속에서

다시 만나는 제 어미는
현실을 넘어선 현실— 그곳에서
저들과— 영원히 함께한다

뭉치되어 가슴을 친다

싱싱하고 싱그럽기 그지없던
지난 날
짙푸른 녹음이 그랬듯이—
그대 젊음의 열정
주체하기 힘들었지

질풍노도—
그 열정의 도가니에
빠져있을 때—
초췌하고 빛바랜 날
다가온다

한때
물기 머금고 탱탱한 젊음
한껏 뽐냈을 그대

세월이
유수 같다— 무상하다
어쩔 수 없이 곱씹고 곱씹다
끝내

벌레 먹히고 말라 비틀어지는— 몰골 될테니
이제사 들린다
한 줌 흙으로 돌아갈
그 날 그 시간—
다가오는 소리
몽치되어

정적 흐르는
고요한 밤—
그대
고막을 두드린다—
가슴을 친다

어둠에서 빛으로

무덤은 칠흑같은 밤—
어둠의 심연에서 두려움이 잉태된다
빛 한 줄기 없는 깜깜한 무덤은
인간의 희망을 묻어버린다
무덤이 열어젖히고
빛으로 채워질 때야 마침내
희망이 되살아난다

어두움은 나약하기 그지 없는 인간에게
시원을 알 수 없는 두려움을 안긴다
두려움에 사로잡힌 인간의 바람은
희망없는 무덤에서 벗어나
빛을 찾는 일이다

일찍이 하느님의 현존—
그분의 사랑을 절절히 체험한 이가 입을 연다—
"사랑에는 두려움이 없으며
완전한 사랑은 두려움을 쫓아낸다
두려움은 벌을 생각한다
두려워하는 이는 사랑에 완전하지 못하다."

그렇다—
두려움에 사로잡힌 동안에
사랑은 문 밖에서 기다릴 수 밖에 없다—
부활은— 어두움이 빛으로 채워지는 사건이요
두려움의 자리에— 사랑이 자리하는 일대사건이다

그대가 그리스도로 고백하는 예수—
그분이— 어둠에 휩싸인 무덤에서
찬란한 빛으로— 부활하여
두려움을 몰아내고— 그 자리에—
사랑을 불러 들인다

그리고 이제— 그분은
사람들의 땀 내음 밴 갈릴래아—
고단한 우리 일상— 한가운데로 찾아오신다

죽음 때문에

죽음—
그것이 있으므로
하늘 높은 줄 모르고 끝없이
치솟는 인간의 콧대가— 비로소—
꺾일 수 있다

죽음—
그것이 있으므로
인간은— 부득불—
자신의 한계를 절감하고
언젠가 스러질— 제 꼴을 보게 된다

죽음—
그것이 있으므로
밑 빠진 독에 물 붓듯
끝없이 갈증을 불러일으키는— 인간의 타오르는 욕망도
머지않아— 부질없게 된다는 차가운 진실을
불가피하게— 받아들일 수밖에 없다

죽음—
그것 때문에— 인간은—
비로소
오만의 포로에서 해방되어— 겸손해 질 수 있고
겸손해짐으로— 하느님의 품에 안길 수 있다

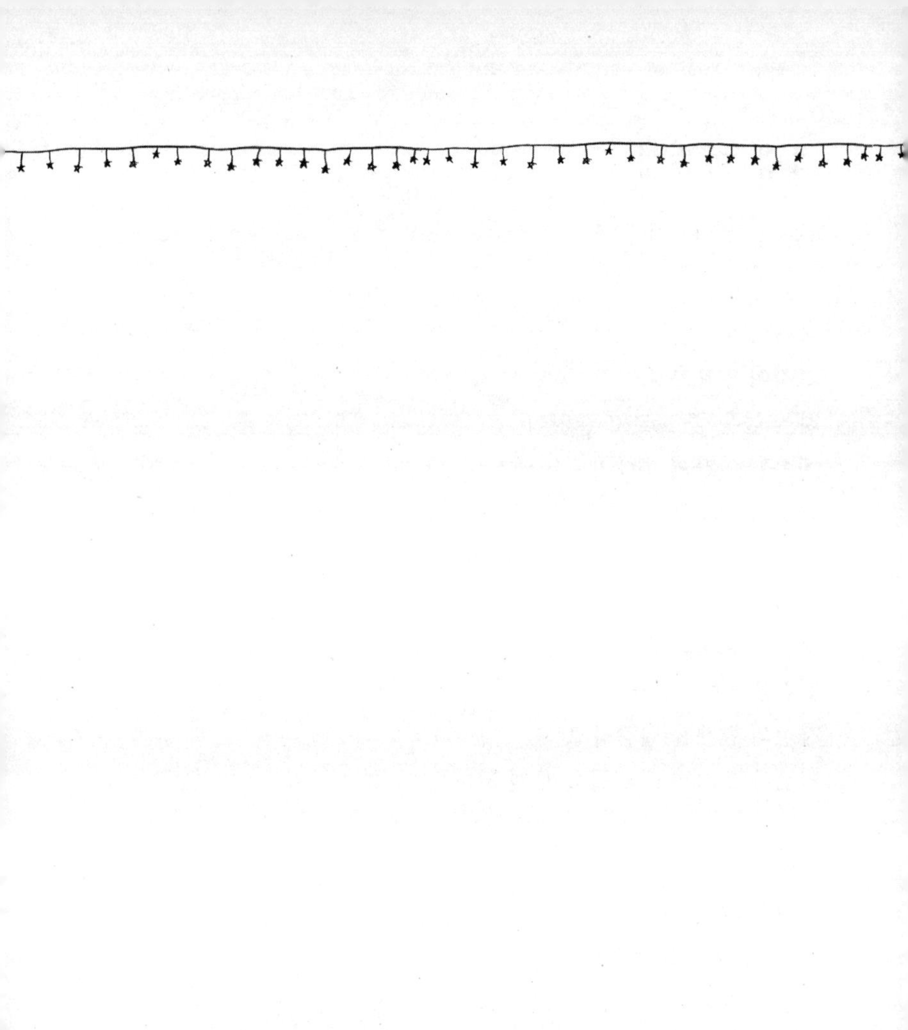

3

두메꽃

외딸고 높은 산 골짜구니에 살고 싶어라
한 송이 꽃으로 살고 싶어라

벌 나비 그림자 비치지 않는 첩첩 산중에
값없는 꽃으로 살고 싶어라

햇님만 내 님만 보신다면야
평생 이대로 숨어 숨어서 피고 싶어라

▒ 〈두메꽃〉은 최민순 신부님이 지었다. 중국어로 내가 번역한 이 시의 제목은 <高山深谷的一朵小花>로, 이 시선집에 함께 수록했다.
최민순(崔玟順,1912-1975) 신부님은 사제로 40년을 사는 가운데, 20여 년을 혜화동 낙산에 있는 서울 대신학교(가톨릭대학교 신학대학)에서 사제 양성 교육에 참여했다. 최신부님은 그 시절 신학생들에게 영성신학을 가르쳤는데, 그분은 특히 아빌라의 성녀 데레사와 십자가의 성 요한의 영성생활에 조예가 깊으셨다. 생전에 그분과 만난 사람들은 그분에게서 은수자의 풍모를 엿보기도 했다고 한다. 시인이기도 한 그분은 여러 편의 시를 남겼으며, 한 은수자(a hermit)의 소박한 열망이 이 〈두메꽃〉에 담겼다.

▒ 최민순 신부님의 저서로는 수필집 《생명의 곡》과 시집《님》과 《밤》이 있고, 번역서로는 단테의 《신곡》, 세르반테스의 《돈키호테》, 아우구스티노 성인의 《고백록》, 아빌라의 성녀 데레사의 《완덕의 길》과 《영혼의 성》, 십자가의 성 요한의 《깔멜의 산길》과 《어둔밤》 그리고 《시편과 아가》등이 있고, 유고집(遺稿集)으로 《영원에의 길》을 남겼다.

사랑스러운 꽃

당신의 얼굴을— 담은
사랑스러운— 꽃
스치는 미풍에
당신의 향기를— 흩뿌리지

에드워드 J. 패럴(Edward J. Farrell,1931-2006) 이 지은「Lovely flower」의 번역이다.

◂최민순 신부님

유년의 꿈

우리 집 문 앞 작은 시내에
작은 오리 한 마리가
유유자적 헤엄칩니다 유유히 유유히
내 유년의 꿈이

꿈속에
누나와 함께 놉니다
함께 손잡고 작은 시내에서 즐겁게
형아는 나를 업고 물 건너 작은 다리 건너
외할머니 댁에 가지요
그렇게도 따스한 작은 시내에
달콤하게 내 유년의 꿈이 헤엄칩니다

어른이 된 뒤에도
시냇물은 여전히 지난날의 동요를 흥얼거리고
나도 유년시절의 아이를 바라보고
졸졸 흐르는 작은 시내에서 물놀이 합니다
그 따스한 작은 시내는
또 달콤하게 내 마음 속에 다시 흐르고 흐릅니다

작은 오리 한 마리가
유유자적 헤엄칩니다 유유히 유유히
내 유년의 꿈이

▒ 주시우(竹岫)가 지은「童年的梦」의 번역이다.

쏜살같이 지나가는 기회

하늘에 가득한 별처럼 매순간 나타났다 사라지고
물 위에 뜬 부평초처럼 쉼없이 떠다니고
인생의 기회는 금방 지나가니
기다리지 말고, 미루지 말고, 꾸물거리지도 말라

푸른 하늘의 흰 구름처럼 끊임없이 이어지고
강 위에 드리운 배의 그림자처럼 빛을 맞아들인다
아름답고 즐거운 인생은 영원히 다함 없고
내 마음은 그리워하고, 내 영혼은 목말라하며
나는 그 빛을 찾아 나선다

자오웨이란(趙蔚然)이 지은「機遇」의 번역이다.

우연

나는 하늘에 떠있는 한 조각 구름입니다
어쩌다 흔들리는 그대 마음 속에 드리워졌어요
그대는 의아해 할 필요 없고 기뻐할 필요도 없어요
한순간이 지나면 그 자취는 사라지고 말테니까요

그대와 나는 어두운 밤 바다에서 만났지요
그대는 그대의 나는 나의 방향이 있습니다
그대가 기억을 해도 상관없지만 잊는게 제일 좋겠어요
이 만남에서 서로 빛을 비춰줘요

▩ 쉬즈머(徐志摩)가 지은「偶然」의 번역이다.

무지개 끝 저 너머에

무지개 끝 저 너머에
사랑과 빛의 땅이 있습니다
그늘진 곳이라도 어둡지 않은데
그것은 거기에— 거기에 밤이 없기 때문입니다

사랑하는 사람이나 친구를 상실하는 게
견디기 무척 어렵긴 하지만
우리는 거기에서— 무지개 끝 저 너머에서
그들을 만날 거라는 것을 압니다

▒ 캐서린 넬슨 데이비스(Katherine Nelson Davis)가 지은 <Beyond The Rainbow's End>의 번역이다.

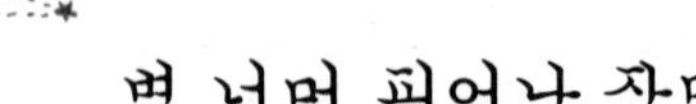

벽 너머 피어난 장미

예전에 장미 한 송이가 누구나
볼 수 있는 곳에서 자랐는데,
제 나름으로 정원 울타리 벽 옆에
보금자리를 틀었습니다.
그런데 세월따라 훌쩍,
그 가지들이 곧바로 크게—
뻗어갔지요.

어느 날, 넓게 갈라 터진 벽 틈바구니 사이로
햇살이 비쳐들었습니다.
장미는 따뜻한 그쪽으로 조용히 몸을 구부려
다른 쪽으로—
넘어 갔습니다.

이제, 깊은 상실감에 젖은 그대는
위로 받고, 장미는 거기서 피어납니다.
지금 그 아름다움은 더욱 돋보이고,
하느님의 사랑스런 보살핌으로 길러집니다.

▩ 지은이가 알려지지 않은 <The Rose Beyond The Wall>의 번역이다.

죽을 운명을 지닌 우리에게 주는 당신의 선물들

죽을 운명을 지닌 우리에게 주는 당신의 선물들은 우리의 필요를 채우고, 소멸되지 않는 당신에게 언젠가 되돌려집니다.

강물은 매일 해야하는 자기의 일을 해야하기에 서둘러 들판과 마을을 지나 내리 달리며, 쉼없이 흐르는 그 물로 당신의 발을 씻으려고 굽이쳐 흐릅니다.

꽃은 그 향기로 대기를 가득 채우는데, 그것이 마지막으로 다해야 할 임무는 자신을 당신에게 봉헌하는 일입니다.

당신을 공경하고 찬미하는 일은 세상을 퇴락시키지 않습니다.

어떤 의미들이 그것들에게 기쁨을 줄 수 있는지는 시인의 말 가운데서 취하고, 그것들의 마지막 의미는 당신을 향합니다.

- 라빈드라나드 타고르(Rabindranath Tagore,1861-1941)가 지은 〈Thy gifts to us mortals 〉의 번역이다. 이 시는 라빈드라나드 타고르 시집 《Gitanjali: A Collection of Prose Translations Made by the Author from the Original Bengali》에 실린 것이다. 그의 판본에 실린 모든 시는 제목이 없으므로, 해당 시의 첫 구절을 시의 제목으로 대신한다.
- 참고로 아일랜드의 시인이자 극작가로 1923년 노벨 문학상을 받은 W.B. 예이츠(W.B. Yeaths, 1865-1939)가 서문을 쓴 라빈드라나드 타고르의 이 시집은 원래 1913년 영국의 맥밀란 출판사(Macmillan Publishing Company)에서 발행되었다. 그 뒤 1941년에 개정판이 나왔다. 그리고 1997년 사이먼 엔드 슈스터(Simon & Schuster Inc.)에서 현재의 판본이 출판되었다. 주지하는 바와 같이 라빈드라나드 타고르는 바로 이 시집 《Gitanjali》으로 아시아인으로서 처음으로 1913년에 노벨문학상을 받았다.

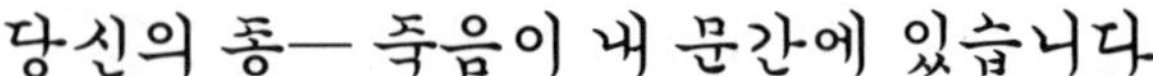

당신의 종— 죽음이 내 문간에 있습니다. 그는 이름을 알 수 없는 바다를 건너와 내 집으로 당신의 호출장을 가지고 왔습니다.

밤은 어둡고 내 가슴은 두려움으로 가득합니다. 그렇지만 나는 등불을 밝혀든 뒤, 내 집 대문을 열고, 내게 오시는 이를 머리 숙여 맞이할 것입니다. 그것은 내 문간에 서있는 당신의 사자입니다.

나는 두 손을 모으고, 눈물을 머금고 그에게 경배드릴 것입니다. 나는 그의 발치에 서서 내 가슴의 보물을 바쳐 경배드릴 것입니다.

그는 자신의 사명을 다하고 내게 아침을 선사한 뒤, 어둠을 떠나 돌아갈 것입니다. 그리고 나의 황폐한 집에 버려진 비참한 자신은 당신께 드리는 나의 마지막 봉헌물로 남아있을 것입니다.

▒ 라빈드라나드 타고르(Rabindranath Tagore,1861-1941)가 지은 <Death, thy servant, is at my door.>의 번역이다. 이 시는 라빈드라나드 타고르 시집《Gitanjali: A Collection of Prose Translations Made by the Author from the Original Bengali》에 실린 것이다. 그의 판본에 실린 모든 시는 제목이 없으므로, 해당 시의 첫 구절을 시의 제목으로 대신한다.

죽음은 별것이 아니에요

죽음은 별것이 아니에요.
나는 그저 다음 문간방으로 슬쩍 밀려 들어갔을 뿐입니다.
나는 나이고 당신은 당신입니다.
우리가 서로에게 무엇이었든지
우리는 지금도 여전하지요.

익숙한 옛 이름으로 나를 불러주세요.
당신에게 늘 익숙했던 그대로
편하게 나에게 말을 건네주세요.
당신의 변함없는 음성으로
지나치게 장엄하지도 슬프지도 않게.

우리가 늘 그랬던 웃음으로 웃어주세요,
우리가 함께 귀여운 익살을 섞어 웃었듯이.
나와 함께 놀아주시고, 미소 지어 주시고,
나를 기억해주시고, 나를 위해 기도해주세요.
언제나 그랬듯이
내 이름이 귀에 익은 낱말이 되게 해 주세요.
효과없는 말이 되지 않게 해주세요.
그것에 드리운 흔적 없는 말이 되지 않게 해주세요.

삶이란 일찍이 그것이 의미했던 모든 것을 뜻하지요.

그것이 일찍이 있었듯이 지금도 여전합니다.
그것은 결단코 중단없는 연속입니다.
내가 시야에서 사라진다고 하여
기억에서도 사라져야만 하는 것일까요?

나는 당신만을 기다리고 있습니다,
간격을 좀 둔 채.
어딘가에. 아주 가까이에.
바로 그 길모퉁이에서.

만사가 다 좋군요.

아무것도 지나가지 않았고, 아무것도 잃지않았습니다.
한순간과 모두가 오직
더 낫고 무한히 더 행복한 이전과 그대로일 것이고,
영원히 우리는 모두 그리스도 안에서 하나일 것입니다.

▩ 이것은 <Death is nothing at all>의 번역이다. 이 시는 영국 성공회의 중심 성당 성 바오로 대성당(St. Paul Cathedral)의 사제[참사위원] 헨리 스콧 홀랜드(Henry Scott Holland, 1847-1918)가 지은 것으로 원문이 <Death is nothing at all>로 시작되어, 일반적으로 그것을 이 시의 제목으로 삼는다.

▩ 영국 황실의 대관식이 치러지는 런던의 성 바오로 대성당은 대단히 장엄하다. 특히 제대 상부에 위치한 아득히 높고 규모가 큰 돔(dome)이 매우 인상적이다. 이른바 삼천년대가 시작되는 첫해(2000년)에 휴가를 맞이하여, 런던에서 9일간 머물 때 하루 시간을 내서 그곳을 방문했다. 그때 계단을 한참 빙빙 돌아 돔 상층부로 올라가서 돔 안쪽을 돌며 대성당 내부를 감상했던 일, 계단을 따라 돔 바깥으로 나가서 한가로이 돔을 한 바퀴 돌며 바람을 쐬면서 런던 시내를 한 눈에 둘러본 일이 기억에 남는다.

빗방울의 전설

빗방울의 전설은 우리 모두에게 교훈이 됩니다.

빗방울이 하늘에서 자신이 지상으로 떨어져야만 하는가 하는 의문을 던지며 떨고 있었습니다.
그 반짝거리는 빗방울이 하늘의 요정에게 의문을 던졌습니다.
“여기 높은 곳에서 반짝거릴 때,
나는 아름답고 사랑스럽습니다.
그리고 여기에 매달려 있을 때 나는
무지개를 멋지게 만드는 일부분이 될 것입니다.
그리고 다이아몬드가 빛을 은은히 반사하며
반짝반짝 빛나는 것처럼, 나는
온 세상에 그 빛을 드러낼 것입니다.”

그러자 요정이 빗방울에게 말했습니다.
“머뭇거리지 말고 가라.
네가 저 아래 지상으로 낙하하면 너는
더 아름다워질 것이고,
흙 속에 잠겨들고,
겉보기에 잠시 사라지게 될 것이지만,
네가 지상으로 다시 나타날 때,
너는 기쁨으로 다시 드러나게 될 것이다.

너는 땅의 갈증을 해소하는 물방울이 될 것이고,
사방에서 피어나는 사랑스런 꽃들에게 도움이 될 것이고,
네가 다시 부활 할 때 백합의 아름다움과
장미의 향기가 아로 새겨진
여왕의 옷차림으로 나타나게 될 것이다.
그러고나서 네가 쇠하고 기진해 질 때,
너는 흙의 일부가 될 것이고, 땅을 더 비옥하게 만들어,
새 꽃들이 피어나게 할 것이다.
영원히 상실되거나 영원히 홀대받는 것은 아무것도 없고
하느님께서 만드신 것은 언제나 다시 부활하게 된다.
그러니 하느님의 지혜를 믿고 결코 그분을
의심하지 말거라.
그분의 천상 왕국에서는 아무것도
영원히 잊히거나 사라지지 않는단다."

▒ 헬렌 슈타이너 라이스(Helen Steiner Rice)가 지은 <The Legend of the Raindrop>의 번역이다.

나를 이방인이라 부르지 마셔요

나를 이방인이라 부르지 마셔요;
나는 집안의 온기가 필요합니다,
특히 외로움으로 내 가슴이 얼어붙을 때.

나를 이방인이라 부르지 마셔요;
우리는 똑같은 땅위에 서 있잖아요,
다만 내 고향은 나의 '약속된 땅'이 아니랍니다.

나를 이방인이라 부르지 마셔요;
내 여권 색깔이 다르긴 하지만,
우리 몸의 피는 모두 같은 붉은색 이잖아요.

나를 이방인이라 부르지 마셔요;
내 언어가 다르게 들릴지라도,
그것을 표현하는 느낌은 똑같으니까요.

나를 이방인이라 부르지 마셔요;
나는 당신의 나라에서 수고를 마다않고 분투하고 있어요,
당신처럼 내 이마에서도 땀이 흘러내립니다.

나를 이방인이라 부르지 마셔요;

너와 나를 가르는 국경선이 그어졌기 때문에,
우리가 나뉘어져 있을 뿐이지요.

나를 이방인이라 부르지 마셔요;
나는 본래 당신의 친구입니다,
다만 당신이 아직 나를 몰라볼 뿐입니다.

나를 이방인이라 부르지 마셔요;
우리가 서로 다른 방법으로 정의와 평화를 추구하지만,
우리의 하느님은 같은 분이십니다.

▩ 이것은 <Don't Call Me A Stranger>의 번역이다. 원문은 예수 마음의 콤보니 선교회(Comboni Missionaries of the Heart of Jesus)에서 지었다. 매년 5월1일은 세계 노동절[May Day]이다. 이 글과 함께 고국과 고향을 떠나 타국에서 타향살이 하는 모든 이주 노동자들(migrant workers)을 기억한다.

시와 나

미쳐가고 있는 이 군상들과
물질을 신명(神明)으로 철석 같이 믿고 사는 이
세상에서

벗.
어.
나.
기.
를.

그대에게 간곡히 요청 하노니,
그것은 그들이 본래의 자신이 되도록 함이다.
나는, 나의 세계에 머물고 싶다.
그런데 그 탈출구가 어디에 있지?
그 때[時刻]를 찾으며,
내 본래면목(本來面目)을 되찾으려 투쟁하다, 마침내 나는
그 길(道)을 찾았다.
내 시들의 세계에서 소요(逍遙)하니, 그 곳이 바로 본래의
'나 자신'을 찾는 마당[場]이었구나.

▒ 아파라지타 구룽(Aparajita Gurung)이 지은 <Poetry and Myself>의 번역이다.

번역은 하나의 해석이요, 그 해석은 상이한 두 언어체계에 자리한, 이름하여 문화라는 프리즘을 통과한다. 여기에 집단 문화 안에 자리한 개인의 문화양식까지 더하면, 결국 해석은 존재하는 개체만큼 될 수 있다. 여기에 묘미가 있지 않은가!

우리는 아침에 눈등 비비며 일어나고, 하루 일과를 마친 뒤 축처진 눈꺼풀이 덮여 잠이 들때까지, 명멸하는 수많은 부호와 상징 체계 속을 배회한다. 부호라도 좋고 상징이라도 좋고 꿈이라도 좋다.

어떤 것은 판에 박힌 듯한 틀에 따라 꼼짝없이 따라가야 하는 것도 있고, 또 어떤 것은 내 맘대로 곧바로, 그것도 고리타분하게 여겨지면, 제 맘 먹기에 따라서는 갈짓자 걸음으로 걸어 볼 수 있는 여백도 있다. 다만 그 맘먹기라는 것이 맘먹는 것 만큼 그리 녹록해 보이지 않을 때도 있기는 하다.

▒ 이 시는 인도에서 가장 작은 주로 알려진 시킴(Sikkim)이라는 지방에서 간행하는 영자신문 http://www.sikkiminfo.com/gtimes/에 실린 것이다. 사람들이 잘 찾지 않는 외진 곳은 그 나름 고즈넉하고 한가함이 있어 좋다. 그냥 원래의 시 그대로 감상하는 것도 좋지만, 나름대로 거기에 해석이라는 미명하에 우리 말로 옮겨보았다.

시의 광야_젊은 시인에게 부치는 글

문자가 전부는 아니다
삶도 마찬가지다　이 한 생의
의미와 가치를 증명하기 위하여
우리는 사실　자신을 그렇게 다그칠 필요가 없다

시의 광야에서
의지처를　빌붙을 곳을 찾지 않는다
무리에서 이탈한 야생마가 홀로 가듯이
실제로　아무것도 없는 것이 아니다

한가로이 노니는 구름　즐거이 노는 바람
졸졸 흘러가는 계곡의 시냇물
시— 그것은 광야에서 온 외침이다
　　　　　　생명이 모든 속박에서 풀려난 뒤 누리는
자유와 더할 수 없는 만족이다

▒ 시무롱(席慕蓉)의 시집『以詩之名』에 실린「詩的曠野_給年輕的詩人」의 번역이다.

고독한 행인

생명은 원래 특정한 형상이 없고, 고정된 처소도 없고, 더욱이 사람들이 말하듯 반드시 따라야 하는 규칙이 없다.
예술품도 그렇다.
규칙은 단지 겁많고 게으른 행인을 위해 만들어졌다. 그것은 도로 표지판이 가리키는대로 걸어가면, 그들이 생명의 참 모습을 찾을 수 없더라도, 끝내 그럴 수 밖에 없었다는 이런저런 이유를 대며 얼버무릴 수 있기 때문이다.
그러한 이유, 그런 그물코와 같은 이유로 규칙은 사람들이 쉽게 무리지어 모이게 하고, 쉽게 스스로 만족해 하는 안전한 느낌을 자아낸다.
그러나, 산바람이 거세게 불어닥치고, 골바람이 산봉우리들 사이를 윙윙거리며 휩쓸고 오면, 그때 (규칙과 상관없는) 오직 고독한 그 행인 만이 생명 안에서 가장 강렬한 전율을 느낄 수 있을거나?
생명의 참 모습을 대면할 때, 그의 일생의 고독은 그 순간 모두 보상 받게 되므로, 다시 길고도 머나먼 편력을 하는 것도 그럴 만한 값어치가 있다.

▒ 시무롱(席慕蓉)의 시집『以詩之名』에 실린「孤獨的行路者」의 번역이다. 여기서 고독(孤獨)은 흔히 중의적(重義的)으로 쓰이는 낱말이다. 먼저 그것이 나의 의지[뜻]와 무관하게 뭔가와 그리고 누군가와 격리되어 외로운 상태에 직면 했을 때의 처지이다. 이때 내가 어쩔 수 없이[비자발적으로] 받아들이지 않을 수 없는 경우라면, 그 상태에서 벗어나고 싶

은 욕구가 작용할테고, 거기서 벗어나기 전까지 그것은 견디기 쉽지 않은 것으로 인식된다.

반면에 고독이 한 인간으로서 추구하는 어떤 깨달음 혹은 성장과 성숙의 계기가 될 것으로 여기고, 또 그럴 수 있는 여건[환경]을 만들어 줄 것으로 기대하여 자발적으로 그러한 상태에 처한다면, 그때 그것 –고독(solitude)– 은 의식을 심화시키고 바라는대로 깨달음을 안겨주고 성장하고 성숙할 수 있는 요인으로 작용할 것이다.

이런 점을 염두에 두면, 이 시에 나타나는 '고독한 행인' 은 원치 않음에도 어쩔 수 없이 고독한[외로운] 상황에 처한 사람이 아니라, 자발적이고 주체적으로 자신의 삶과 그 삶이 직면한 상황을 받아들이고, 어떠한 상황에서도 자기 삶의 주체로 그의 삶의 여로를 꿋꿋이 끝까지 걸어가는 사람이다.

한편 이 시에 나타나는 '규칙' 과 '그물코' 도 아주 흥미있는 소재를 제공한다. 자기의 삶을 자기 책임 아래 주체적으로 사는[경영하는] 것에 대하여 힘들어[부담스러워] 하는 뭇사람에게 안전판이 되는 것이 일종의 삶의 지침서 같은 것들이다. 여기서 '규칙' 이라는 낱말이 그러한 것을 대표적으로 나타내는 표현으로 보인다. 이렇게 규칙[지침서]에 따라 관성적 혹은 타성적으로 사는데 익숙한 뭇사람과 달리, 스스로 자기의 삶을 성찰하고 주체적으로 삶을 경영해 나가는 사람은 상대적으로 의식이 더 깨어있고, 자가 삶의 책임을 더 철저하게 질 줄 아는 사람이다.

그리고 그물코도 그물코 나름이듯 삶의 규칙[지침서]이 매우 촘촘히 짜인[만들어진] 경우도 있고, 상대적으로 어떤 것은 성글게 짜인 경우도 있을터인데, 그것이 어떻게 만들어졌고 또 어떠한 것이든 그물코가 있는 한 그것을 빠져나가 뭔가를 놓치는 경우도 있을 것이다. 여기서 뭇사람에게 인생의 그물코는 훗날 일종의 자기 변명의 기제로 작용되는 것들을 가리키는 것으로도 보인다. 그러나 자기 인생을 경영하며, 훗날 그러한 그물코를 굳이 자기 삶의 구차한 변명의 빌미로 쓸 일이 없으면 좋겠다.

4

누이는 어떤 존재인가?

누이는 말로 다할 수 없는 특별한 존재.
그녀의 사랑엔 우정이 배어있어요,
생에서 제일 가는.

그녀 내면의 아름다움,
그것은 행복의 미소를 그대의 가슴에 심어주는
그 외모와 썩 잘 어울려요.

누이는 그대 생의 사연 가운데서도
가장 소중한 곳에 자리합니다.
그녀는 늘 그대와 함께 하여요,
그대가 가까이 있든 멀리 있든 상관없이.

그대는 여태껏 두 사람이 함께 했던
가장 소중한 시간들을 그녀와 함께 공유합니다.
누이는 지난날을 죄다 들여다보는 눈, 그리고
그녀는 수없이 많은 맛갈진 것을 갈무리한
기억덩이지요, 언제까지나 이어질.

누이는 당신이 가장 애틋이 여기는 것들 가운데 하나를
담고있는 사진이고요.
또, 그녀는 아주 특별한 날에 도착하는
속달편지, 거기에 나눌 그 어떤 소식을 담고있어요,

그녀는 그대가 부르고 싶은 첫 번째 사람이어요.
누이는 친밀을 가져오는 은총의 신호.
비밀스런 일도 나누고, 꿈도 나누고, 삶도 함께 배워가는.

누이는 마음을 열 수 있는 가까운 친구, 의논 상대역.
그녀는 사랑스럽고 멋진 벗, 그리하여— 어떤 면에서—
그녀와 나는 쌍둥이 같아요.

그녀의 손이 그대의 손에 있어요. 그녀야말로
언제든 그대를 제대로 이해하는 유일한 사람.
누이는 바로 사랑으로 무장된 성실과 신용 그 자체.
그녀는 때로 그대가 보는 그 지평을 보는 유일한 사람.
하여, 그녀는 그대가 사물을 좀 더 명료하게 보도록 도와요.

그녀는 조력자요, 안내자, 그리고
그녀는 어떤 느낌,
그것도 아주 깊은 느낌.
그것이 그대를 의아하게 만들지요,
그녀 없이 그대가 그 무엇을 할 수 있다는 것에 대하여.

(누이는 어떤 사람인가?)

아, 그녀는 말로 다할 수 없는 특별한 존재;
아름답고 특별한 사람!
하여, 그 어떤 경우에도,
그처럼 극진히 사랑 받는 이는 없어요.

더글라스 페이절스(Douglas Pagels)가 지은 <What Is A Sister>의 번역이다.

영원한 친구

생의 여정에서 때로 그대는 특별한 친구를 찾습니다.
그와 함께 하다보면 당신의 인생이 변하게 되는 친구,
그대가 멈출 수 없을 정도로 웃음을 자아내게 하는 친구,
그대가 세상에 실제로 선이 존재한다는 것을 믿게해주는 친구,
그대가 문을 열고 들어올 수 있도록 늘 문을 잠그지 않고
신뢰심을 가지고 기다리는 친구를 찾습니다.
이것이 영원한 우정입니다.
그대가 의기소침해지고,
세상이 마치 어둡고 텅 빈 듯이 보일 때,
그대의 영원한 친구는 그대의 정신이 고양되도록 해주고,
어둠과 공허로 채워진 세상이 돌연
밝고 충만해지도록 해줍니다.
그대와 영원한 우정을 나누는 친구는
그대가 시련을 겪고,
비통과 혼돈의 시간을 겪어냄으로써 얻게 됩니다.
만일 그대가 돌아서서 떠나간다면,
그대의 영원한 친구는 그대를 좇아 나설 것입니다.
만일 그대가 자신의 길을 잃어버린다면,
그대의 영원한 친구는 그대의 길잡이가 되고,
그대를 격려할 것입니다.
그대의 영원한 친구는 그대의 손을 잡고,

그대에게 매사가 다 잘 될 거라고 말해줄 것입니다.
그리고 만일 그대가 그런 친구를 찾으면,
그대는 행복하고 완전해질 것이고,
그때 그대는 걱정할 필요 없으니,
그대는 삶의 여정에서 변함없는 친구가 있고,
그 우정이 영원하여
끝이 없을 것이기 때문입니다.

지은이가 알려지지 않은 시 〈A Forever Friend〉의 번역이다.

아름다움의 비결

매력적인 입술을 갖고 싶으면,
친절하게 말하십시오.

사랑스런 눈을 갖고 싶으면,
사람들 속에서 좋은 것을 찾아내세요.

날씬한 몸매를 원하면,
배고픈 사람들과 음식을 나누세요.

아름다운 머리 결을 원하면,
하루에 한 번 어린아이에게 그대의 머리 결을
어루만지도록 하세요.

안정된 자세로 걸으려면,
그대가 결코 혼자가 아니라는 것을 기억하며
걸어가세요.

사물이나 물건 이상으로 사람도 재충전 되고,
거듭나 새로워져야 하고,
원기가 회복되어야 합니다, 거듭거듭하여.
아무도 함부로 내치지 마십시오.

그대가 도움의 손길이 필요할 때,
바로 그대의 팔 끝에 손이 달려있다는 것을
기억하십시오.

나이 들어감에 따라,
그대가 두 손을 갖고 있다는 것을
그대는 알게 될 것입니다.
한 손은 그대 자신을 돕기 위하여,
다른 한 손은 다른 사람을 돕기 위하여.

▒ 샘 레벤슨(Sam Levinson)이 지은 <Beauty Secrets>의 번역이다. 오드리 햅번(Audrey Hepburn,1929-1993)이 1992년 성탄절에 샘 레벤슨이 지은 이 글을 그녀의 두 아들에게 들려주었다고 한다. 그때는 그녀가 암으로 사망하기 전으로, 그녀의 아들들과 함께 지낸 마지막 성탄절이었다.

미소는 전염성이 있어요

미소는 전염성이 있어요,
누군가 오늘 나에게 미소를 지으면
그대는 마치 유행성 감기에 걸리듯
그것에 걸려든답니다.
그가 미소를 짓자, 나도 미소를 짓게 되었고,
나는 그 미소를 구석구석 전했습니다.
누군가 내가 흰 이를 드러내고 빙긋이
웃는 모습을 보았고,
그때 나는 그 미소가 그에게 전해진 것을 알아챘지요.
나는 미소에 대하여 생각하고 나서,
그 가치를 깨달았어요.
내 미소 같은 단순한 미소는
이 지구 별 주위를 돌 수 있답니다.
하여, 내가 미소 짓기 시작하면,
그것은 숨겨진 채 떠날 수 없답니다.
어서 빨리 미소를 전염시켜,
온 세상을 그것으로 감염시켜요.

▒ 지은이가 알려지지 않은 〈Smiling Is Infectious〉의 번역이다.

해를 거듭할수록 살기가 더 어렵다 하고, 적지 않은 사람들이 가정 경제[가계] 꾸려가기가 쉽지 않다고 한다. 그리고 삶이 팍팍 해질수록 사람들의 안면 근육이 그만큼 더 경직되어가는 것은 아닌지! 그런 모습을 지켜보노라면 가슴이 묵직해지는 느낌을 받곤한다.

글쎄다. 삶이 팍팍해지고 그래서 우리가 그토록 여유가 없는 것인지! 방글라데시 같이 가난한 나라 사람들의 행복지수가 우리 보다 훨씬 낫다고 하는데, 그것이 우리에게 어떤 의미를 전해주는지! 더 나은 물질의 풍요가 행복을 꼭 보장 해 주는 것은 아닐텐데! 외적 삶의 환경이 내 내면을 황폐화 시키지 않을 수 있는 처방은 바로 일상에서 웃음과 미소를 잃지 않고, 스스로 내면을 풍요롭게 하는 일일 것이다.

모든 존재의 경이로움

존재하는 모든 것의 경이로움을
경탄해 본 적이 있나요?

아주 작은 사물들을 지켜보며
그것들이 어떻게 완벽하게 서로 잘 어울려
일을 도모하는지
경탄하며 바라본 적이 있나요?

모든 가능성에 대하여 생각해 보고
그것들이 비록 한계가 없을 때라도
어떻게 매순간 그렇게 증식하고 성장할 수 있는지
생각해 보기 위해 멈추어 서 본 적이 있나요?

불가해한 힘에 의하여
가을에 나뭇잎이 나풀나풀 떨어지고
그 힘이 나뭇잎을 봄에 다시 돋게 할 때
경이로운 적이 있나요?

밀려오는 파도를 바라보고,
그런 다음 그 너머로 수면이 하늘과 맞닿은
저 먼 수평선을 바라 본 적이 있으며,

당신 면전에 펼쳐진 광대한 공간이
실재하는 것 가운데
그저 아주 작은 귀퉁이에 불과하다는 것을
깨달은 적이 있나요?

상상할 수 없이 거대한 것으로 여겨질 수 있는
존재하는 모든 것을 있는 그대로 이해하며,
그것은 여전히 존재할 수 있는 모든 것의
작은 한 귀퉁이라는 것을 이해하나요?

모든 기쁨과 고통을 넘어
그리고 그보다 더할 수 없이
희망이 없을 때도
어떻게 사랑은 여전히 그렇듯 살아있을 수 있는지
경탄해 본 적이 있나요?

무거운 돌을 들어올리느라 애쓴 적이 있나요, 그리고
어떻게 힘들이지 않고
평원에 수천미터 높이의 거대한 산이
솟아날 수 있는지 경탄한 적이 있나요?

당신이 얼마나 알 수 있는지,
당신이 얼마나 많은 경이로움을 체험할 수 있는지 상관없이,
늘 그리고 언제나 그 이상으로 알고 체험할 수 있다는 것을
당신은 깨달은 적이 있나요?

당신이 왜 경이로워 하는지
그리고 당신이 그것을 정의내릴 수 없을 때도
어떻게 당신이 아름다움을 아는지
그것에 대하여 경이로운 적이 있나요?

경이로운 일을 하는 이,
당신의 눈을 통하여 찾고 있는 이,
그리고 그 모든 것에 대한 경이로움 속에서도
온전히 제 집에 있는 듯 평온함을 느끼는 이를 보고
경이로운 적이 있나요?

당신이 믿는 것이 무엇이든,
당신이 고백하는 것이 무엇이든,
당신이 의심하거나 두려워하거나
희망하는 것이 무엇이든,
그 모든 것이 경이로움이라는 것을
당신이 용인하고
당신 자신이 알게 할 때,
당신의 마음이 부인할 수 없는
무언가가 있답니다.

▒ 랄프 마르스톤(Ralph Marston)이 지은 <The Wonder of It All>의 번역이 다.

간절히 염원하는 것들

소란스럽고 바쁜 가운데서도 평정을 지키십시오.
그리고 침묵 가운데 평화가 있다는 사실을 기억하십시오.

할 수 있는 한 포기하지 말고 모든 사람과 잘 지내십시오.
조용하면서도 분명하게 진실을 말하고,
남의 말에 귀 기울이되,
어리석고 무지한 사람들의 말에도 귀를 기울이십시오.
그들도 할 이야기가 있습니다.
목소리가 크고 공격적인 사람들을 피하십시오.
그들은 영혼을 괴롭힙니다.

자신을 다른 사람과 비교하면,
자신이 하찮아 보이고 비참한 마음이 들 수도 있습니다.
당신보다 더 위대하거나 더 못한 사람은
언제나 있게 마련입니다.
당신이 계획한 것 뿐만 아니라
당신이 이루어 낸 것들을 보며 즐거워하십시오.
아무리 보잘것 없더라도 당신이 하는 일에
온 마음을 쏟으십시오.
당신이 이루어 낸 것을 잘 지키되, 겸손하십시오.
그것이 변전(變轉)하는 시간의 운명 안에서 누리는

참된 소유이기 때문입니다.

사업상의 일에도 주의를 기울이십시오.
세상은 속임수로 가득하기 때문입니다.
그러나
세상에 미덕이 있다는 것을 모르고 지나치지는 마십시오.
많은 사람들이 높은 이상을 위해 애쓰고 있고,
어느 곳에서든 삶은 영웅적 행위로 가득차 있기 때문입니다.
당신 자신의 본연의 모습을 찾으십시오.
특별히 당신의 감정을 속이지 마십시오.
사랑에 대하여 냉소적이 되지 마십시오.
아무리 무미건조하고 꿈이 없는 상태에서도
사랑은 푸른 잔디처럼 돋아나기 때문입니다.

나이 든 사람들의 충고는 공손히 받아들이고,
젊은이들의 생각에는 품위있게 양보하십시오.
갑작스러운 불행에서 자신을 보호하려면
영혼의 힘을 배양해야 합니다.
그러나 쓸데없는 상상으로 스스로를 괴롭히지 마십시오.
많은 두려움은 피로와 외로움에서 생겨납니다.

자신에게 자애롭도록 하십시오.
당신은 나무나 별들 못지 않은 우주의 자녀입니다.
당신은 이곳에 머물 권리가 있습니다.
그리고 당신이 느끼든 느끼지 못하든 우주는

그 나름의 질서에 따라 운행되고 있습니다.

그러므로 하느님과 더불어 평화롭게 지내십시오.
당신이 그분을 어떻게 생각하든,
당신의 노동과 열망이 무엇이든,
시끄럽고 혼란한 삶 속에서도 영혼의 평화를 지키십시오.

온갖 속임수가 난무하고, 하는 일이 힘들고,
꿈이 깨지기도 하지만,
그래도 세상은 여전히 아름답습니다.

기뻐하십시오.
행복해지도록 노력하십시오.

▒ 맥스 어만(1872-1945)이 지은 것으로 알려진 <Desiderata>의 번역이다. 항간에 맥스 어만(Max Ehrmann)의 작품으로 알려진 것으로 제목은 라틴어로 본문은 영어로 된 데시데라따(Desiderata)이다. 제목 데시데라따(Desiderata)는 라틴어로 '~을 간절히 동경하는 것들'이란 뜻을 지니고 있는데, 해당 글의 맥락에서는 '본질적인 것들'이란 뜻에 더 근접한다고 본다. 가수 르 크레인(Les Crane,1935~)은 데시데라따의 이 시어(詩語)를 가지고 노래를 불러 1971년 후반에 빌보드 차트에 기록을 세우고, 최상의 가사(Best Spoken Word)로 평가되어 그래미 상(Grammy Award)을 받았다. 당시 그는 이 시를 어느 포스터에서 보았으며, 이것은 누구나 사용할 수 있는 것(public domain)으로 알았던 것 같다. 그러나 나

중에 이 시의 저작권자들(Desiderata copyright owners)에게 '로열티'를 지불해야 했다고 한다.

여기서 짚고 넘어갈 것이 하나 있는데, 그것은 어만의 이 글의 마지막 행이 'Be careful …'로 시작하는지, 'Be cheerful …'로 시작하는지 명료하지 않다는 점이다. 여기서는 'Be cheerful …'이 쓰였는데, 가수 르 크레인의 노래 가사의 마지막 행에서는 'Be careful …'로 쓰고 있다.

흔히 전해오는 이야기에 따르면, 데시데라따는 1692년 볼티모어(Baltimore)의 어느 교회에서 발견되었다고 한다. 이런 점을 고려하면 이것은 수 세기 전의 것으로 그 기원을 정확히 알 수 없는 것이라고 하겠다. 한편 이 글이 1906년에 쓰였다고 말하는 사람이 있기는 해도, 실제로 오늘날 전하고 있는 이 글이 쓰인 것은 1920년으로 본다. 그리고 인디애나(Indiana)주의 테레 호트(Terre Haute)에 있는 변호사 맥스 어만이 1927년 분명히 이 글의 저작권을 취득했다.

간절히 염원하는 시(the Desiderata poem)의 전설 같은 이야기는 프레데릭 케이츠(Frederick Kates) 목사가 그가 속한 교회에서 간행한 '영감을 주는 작품 선집(a collection of inspirational works)'에 이 시를 실음으로써 시작되었다고 한다. 1959년 이 시가 실린 그 작품 선집의 해당 교회의 편지 용지 서두에 The Old St Paul's Church, Baltimore, AD 1692라는 글이 보인다. 여기서 기원후 1692년(AD 1692)은 바로 볼티모어에 있는 이 교회[The Old St Paul's Church]가 설립된 해이다. 당시 이 데시데라따가 실린 페이지의 복사본은 친구들 사이에 유통되었고, 그 신화는 점점 무르익어 갔다. 1965년 고 민주당 정치인 아이들라이 스티븐슨(Aidlai Stevenson)의 침상에서 이 시가 발견되었을 때, 그 신화의 열기는 좀 더 가속 되었다고 한다. 데시데라따의 역사가 어찌되었든지 맥스 어만이 저작권을 가지고 있는 이 산문시[the Ehrmann's prose]는 영감을 주고, 삶에 있어서 단순하고 긍정적인 신조를 표명한다.

한편 맥스 어만은 1872년 9월16일 인디애나주, 테레 호트에서 태어났다. 그의 부모는 독일 이민자이다. 어만은 1894년 그린캐슬(Greencastle)에 있는 드포 대학교(DePauw University)를 졸업했고, 그 뒤 하버드 대학교에서 법학과 철학을 공부했다. 어만은 법률 실습을 하려고 테레 호트로 귀향했고, 1900년 초엽에 시작(詩作)을 시작하여 그것에 매우 몰입했다.

생전에 많은 시를 쓴 맥스 어만은 세상을 떠난 뒤까지 알려지지 않은 인물이다. 그러나 그는 나중에 자신의 고향 테레 호트의 계관시인(Poet Laureate)으로 알려졌다. 또한 데시데라따 외에도 그의 가장 유명한 시가 있는데, 그것은 어만이 1906년에 쓴 <기도(A Prayer)>이다. 맥스 어만은 1927년에 'Go Placidly Amid The Noise And Haste'라는 제명으로 1927년 데시데라따의 저작권을 처음으로 취득했다. 그 저작권 등록번호는 962402이며, 그것을 취득한 날자는 그해 1월3일자로 되어있다. 맥스 어만에 대한 참고 자료: The originals of the prose, of the introduction and of the background are shown on http://www.businessballs.com/desideratapoem.htm

발자국들

어느날 밤 한 사람이 꿈을 꾸었습니다.
꿈에 그는 주님과 함께 해변을 따라 걷고 있었답니다.
허공을 가로질러 그의 일생의 순간들이
섬광처럼 스쳐갔지요.
매 순간, 그는 모래 위에 두 사람의 발자국이
찍혀 있는 것을 보았는데,
하나는 그 자신의 것이었고,
다른 하나는 주님의 것이었습니다.

그의 생애 마지막 장면이 그의 앞을 스쳐 지날 때,
그는 모래 위에 남겨진 발자국들을 돌아 보았습니다.
그런데 그의 생의 여정에서 아주 여러번
오직 한 사람의 발자국만 찍혀 있는 것을 보았습니다.
그는 또한 그것이 그의 생에서 몹시 의기소침하고
무척 슬플 때였다는 것을 알았습니다.

이것이 참으로 그의 마음을 괴롭혀서
그는 주님께 그것에 대하여 여쭈어 보았습니다.
“주님, 예전에 당신께서 저와 동행 하겠노라고,
저의 모든 여정을 함께 하겠노라고 말씀하셨지요.
그런데 저는 제 생에서 가장 어려운 때

오직 한 사람의 발자국만 남아있는 것을 보았습니다.
제가 당신을 가장 절실히 필요했을 때,
왜 당신이 저를 떠났는지 이해할 수 없습니다."

주님께서 이렇게 대답하셨다.
"소중하고도 소중한 내 아가.
나는 너를 사랑하기에 너를 결코 떠날 수가 없단다.
네가 시련과 고통속에 있을 때,
너는 오로지 한 사람의 발자국만 볼 뿐인데,
그런 때는 내가 너를 안고 갔기 때문이란다."

▒ 지은이를 확정할 수 없는 <Footprints>의 번역이다. 이 시의 저작권에 대하여 쟁론이 있었으나, 그 저작권이 누구에게 있는지 법적으로 여전히 확정되지 못했다고 한다. 이 시의 저작권을 주장한 사람은 마가렛 파워즈(Margaret Powers), 캐롤린 카티(Carolyn Carty), 메리 스티븐슨(Mary Stevenson)으로 압축된다. 그 가운데 마가렛 파워즈는 자신이 1964년 시월 중순 캐나다 추수감사절 주말에 이 시를 썼다고 했다. 캐롤린 카티는 1963년에 이 시를 자신이 썼다고 주장했다. 그리고 메리 스티븐슨은 1936년경에 자신이 이 시를 썼다고 했다. 한편 개일 죠르지오(Gail Giorgio)가 메리 스티븐슨의 전기를 써서 1997년에 출판했는데, 그 전기(biography)의 제목[Footprints in the Sand - The Life Story of Mary Stevenson, Author of the Immortal Poem]을 보면, 메리 스티븐슨을 불후의 작품 <발자국들(Footprints)>의 저자로 기정사실화 한 것으로 보이는 점이 꽤 인상적이다.
한편 '발자국들(Footprints)' 혹은 '모래 위의 발자국들(Footprints in the Sand)'로 널리 알려진 이 산문시는 그리스도교 신앙에 입각하여 하느님과 함께 해변을 걷는 사람의 체험을 바탕으로 은유적으로 묘사되었다.

오, 위대한 영이시여

오 위대한 영이시여,
당신의 음성을 바람결에 제가 듣고
당신의 숨결은 세상에 생명을 줍니다.
들으소서!
저는 당신의 수많은 자녀 가운데 하나로
당신에게 다가가나이다.
저는 보잘것 없고 약합니다.
저는 당신의 힘과 예지가 필요합니다.
저를 아름다움 속에 걷게 하시고,
제 눈이 짙붉게 물들어가는 석양을 보게 해 주소서.
제 손이 당신이 지어낸 것들을 공경하게 하시고
제 귀가 당신의 음성에 민감하게 해 주소서.
저를 현명하게 하소서,
그리하여 당신께서 당신의 자녀들에게 가르치는 것들을
제가 이해할 수 있게 하소서.
모든 나뭇잎과 바위들 안에 숨겨진 당신의 가르침을
제가 배우게 해 주소서.
저는 강함을 추구하는데,
그것은 제가 저의 형제보다 위대해지기 위해서가 아니라
저의 가장 큰 적, 곧 제 자신에 맞서
싸울 수 있기 위해서 입니다.
제가 깨끗한 손과 곧은 눈을 지니고
당신께 나아갈 수 있는 준비를 하게 해 주소서.

그리고 태양이 저물 듯 생애 마지막 때에,
제 영혼이 부끄럼 없이 당신께 나아가게 하소서.

▒ 북 아메리카 원주민으로 라코타 족(Lakota Tribe) 추장으로 알려진 옐로 우 락(Chief Yellow Lark)이 지은 '기도시'의 번역이다.

이 기도시는 일찍이 1887년에 영어로 번역되어 대중에게 알려졌다고 한다. 항간에 흔히 <An Indian Prayer>로 소개되기도 하나, 이 기도시의 시작이 "오, 위대한 영이시여(Oh, Great Spirit, …)"이기에, 이 기도시는 <The Great Spirit Prayer>로 소개되기도 한다.

북 아메리카든 중앙 아메리카든 남 아메리카든, 그 땅의 원주민[인디언]들은 자신들의 삶의 터전[땅]을 그들의 어머니로 여기고 살았다. 하늘을 한 지붕으로 삼고 같은 땅 위에서 산 그들은 내것이니 네것이니 하며 소유를 구별하지 않고 하나되어 살았고, 인간의 자존과 품위를 저버리지 않고 살았다고 한다.

정말 가슴 깊이 담아 둘 기도문이다. 15세기부터 유럽에서 아메리카 대륙으로 이주해 온 이들이 그곳 토착민[인디언]들 가운데 전승되어 오는 삶의 지혜와 품위있는 생활양식을 훼손하였고, 그들의 땅을 지배하고 경영하여 물질의 풍부함과 생활의 안락을 얻었을지언정, 저들의 삶의 방식은 시종일관 철저히 수탈에 기반하였다. 저들이 신봉하는 윤리가 있다면, 그것은 살벌한 약육강식의 윤리가 있을 뿐이고, 저들이 만들어낸 사회는 무한 경쟁 사회요, 소비지향 사회일 뿐이다.

이것은 결코 인간의 품위와 삶의 질을 근본적으로 고양시키지 못하는 것임에도, 오늘 이 땅에 사는 우리 자신이 바로 저들이 추구하는 가치관과 생활양식의 세례를 받고, 저들이 추구하고 배설하는 그 아류 문화에 중독되어 살고 있지는 않은가? 이런 점에서 지금은 마치 그 땅[아메리카]의 주인처럼 살아가지만, 저들은 본래 그 땅을 철저히 수탈한 이들이다. 아메리카 원주민의 삶을 침탈한 유럽에서 건너온 저들의 가치관과 삶의 양식이 도처에 산재해 있다는 것은 씁쓸하지만 부인할 수 없는 일이다. 혹시 나도 저들이 남긴 가치관과 생활 양식의 세례를 받고 살고 있지 않은지 돌이켜 볼 일이다.

5

마음의 문지기

나는 완벽한 문지기로 최적화되었으니,
그 까닭은 바로 이러합니다. 나는
내 안에 있는 것은 나가지 못하게 하고,
내 밖에 있는 것은 들어오지 못하게 합니다.
혹여 누가 들어 오더라도,
그는 곧바로 돌아서 나가지 않을 수 없으니—
그가 내게 어떠한 일을 도모할 건더기를 도대체 가질 수 없기 때문입니다.
나는 마음을 단단히 지키는 문지기로,
축축한 점토 덩어리처럼 물러져 있지 않습니다.

- 여기서 '마음'은 하느님이 거하시는 곳으로, 내가 그분과 일치하여 함께 머무는 곳[처소]을 나타내는 것으로 보인다. 따라서 그것을 전통적 의미에서 하느님이 거하시는 '성전'으로 볼 수도 있다. 내가 바로 그 성전의 문지기라는 것이다. 그 마음[삶의 중심]에 하느님을 모시고 안팎으로 밀려오는 세파의 위세에 휘둘리지 않는 부동심(不動心)의 면모를 볼 수 있다.
- 찰스 업톤(Charles Upton)에 의하여 영어로 번역된 이 시<Doorkeeper of the Heart>는 최초의 여성 수피(Sufi) 성녀로 알려진 라비아(Rabia)에 의하여 페르시아어로 쓰였다고 전해온다.

베일을 벗고

시중드는 아이:

“봄이에요, 라비아—
밖으로 나와서,
하느님이 만드신 이 모든 아름다움을 좀 보셔요!”

라비아:

“예야, 그 보다는 안으로 들어와서
(그분 앞에서) 베일을 벗고, 꾸밈없이 있는 그대로—
그 모든 것을 만드신 분을 보렴”

▒ 찰스 업톤(Charles Upton)에 의하여 영어로 번역된 이 시<Without Veil>는 최초의 여성 수피(Sufi) 성녀로 알려진 라비아(Rabia)에 의하여 페르시아어로 쓰였다고 전해온다.

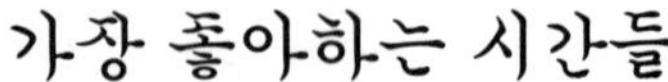

제 마음 속에 있는 당신의 희망은 가장 진귀한 보물이고
제 혀에 놓인 당신의 이름은 가장 달콤한 말씀이고
제가 가장 좋아하는 시간들은
　　당신과 함께 하는 시간들입니다—

오, 하느님! 당신을 기억하지 않고서는—
제가 이 세상에서 살 수 없습니다
당신의 얼굴을 바라보지 않고서
제가 어찌 다음 세상을 견디어 낼 수 있겠습니까?

당신의 나라에서 저는 낯선 존재이고
당신을 경배하는 이들 가운데서 저는 홀로 고독합니다.
이것이 제 푸념의 골자입니다.

▒ 찰스 업톤(Charles Upton)에 의하여 영어로 번역된 이 시<My Choicest Hours>는 최초의 여성 수피(Sufi) 성녀로 알려진 라비아(Rabia)에 의하여 페르시아어로 쓰였다고 전해온다.

어떤 것의 소리

오, 하느님!
당신이 지어내신 어떤 것의 소리를 매번 하나하나 귀 기울여 듣습니다—

와삭와삭 나무들 부딪히는 소리
졸졸 흐르는 물소리
새들의 조잘거림
그림자의 어른거림
세찬 바람 소리
천둥 소리

나는 그것이 말하는 소리를 듣습니다.

한 분이신 하느님!
아무 것도 당신과 비교할 수 없습니다!

찰스 업톤(Charles Upton)에 의하여 영어로 번역된 이 시<The Voice of Anything>는 최초의 여성 수피(Sufi) 성녀로 알려진 라비아(Rabia)에 의하여 페르시아어로 쓰였다고 전해온다.

또 한 밤이 지나가고

오, 하느님!
또 한 밤이 지나가고,
또 하루가 시작되고 있습니다—
그 밤을 잘 지냈고, 그래서 평온한 밤일 수 있었다거나,
그 밤을 헛되이 지냈고, 그래서
그 때문에 한탄할 수 밖에 없었다거나,
저에게 말씀해주세요.

저는 단언합니다,
당신이 저에게 생명을 되돌려 준 이래,
당신이 제 친구가 된 그 날 이래,
저는 잠을 이루지 못했습니다—
그리고 당신이 문 밖으로 저를 내쫓을 때 조차,
우리는 서로 헤어질 수 없다는 것을 다시금 다짐합니다—
그것은 당신이 제 마음 속에 살아 있기 때문이지요.

▒ 찰스 업톤(Charles Upton)에 의하여 영어로 번역된 이 시<Another Night is Passing Away>는 최초의 여성 수피(Sufi) 성녀로 알려진 라비아(Rabia)에 의하여 페르시아어로 쓰였다고 전해온다.

오직 당신만을 위하여 – 수피 성녀 라비아의 기도

오, 하느님!
만일 내일 심판의 날에 당신이 저를 지옥에 보내시면
지옥이 박살날 것이고
수천년의 세월이 지날 때 까지
그것은 저에게서 아주 멀리 달아날 것이라는
밀의(密意)를 말씀드리겠습니다.

당신의 모든 적에게는 이 세상의 필요한 것들을 주시고—
당신의 모든 친구에게는 천국의 보화들을 주소서—
그러나 저에게는—제게 필요한 모든 것은 오직 당신 뿐입니다.

오, 하느님!
지옥이 두려워 제가 당신을 섬기면,
지옥에서 저를 불사르소서.
천국[낙원]을 갈망하여 제가 당신을 섬기면,
천국[낙원]에서 저를 쫓아버리소서.
그러나 제가 오직 당신만을 위해 당신을 섬기면,
당신의 영원한 아름다움을 저에게서 거두지 마소서.

▒ 찰스 업톤(Charles Upton)에 의하여 영어로 번역된 이 기도<For Yourself Alone>는 최초의 여성 수피(Sufi) 성녀로 알려진 바스라 출신 라비아(Rabia al-Basri)에 의하여 페르시아어로 쓰였다고 전해온다.

이슬람의 신비가, 최초의 여성 수피 성녀로 알려진 라비아(Rabia)는 정확하지는 않으나 아마도 오늘날 이라크 영토에 속한 바스라(Basra)에서 기원후 718년 경에 태어난 것으로 알려졌고, 그녀가 세상을 떠난 해는 801년 경으로 추정된다. 그녀가 태어날 때 위로 이미 언니가 셋이 있어서, 그녀의 아버지가 그녀를 '넷째(Rabia)' 라고 불렀는데, 그것이 그녀의 이름이 되었다.

그런데 실제로 그녀의 삶에 대하여 알려진 것은 극히 일부에 불과하다. 그녀는 무척 가난한 가정에서 태어났고, 그녀의 부모는 굶주림으로 세상을 떠났다. 그 뒤 언니들과 헤어질 수 밖에 없었던 어린 그녀는 집도 절도 없는 빈곤한 생활을 꾸려갔는데, 그녀는 노예로 팔려갔다가 나중에 자유의 몸이 되었다. 그녀는 자신의 인생 후반부에 성녀로 그 이름이 널리 알려졌고, 많은 돈과 집들이 그녀에게 기부 되었고, 여러번 청혼도 받았다. 그러나 그녀는 끝내 독신으로 남았고 소박한 환경에서 살았다.

오늘날 우리에게 알려진 그녀에 관한 자료들 대부분은 수피 수행자였던 그녀에게 한 때 도전 했거나 그녀에게서 감화를 받은 사람들 사이에서 일어난 몇가지 일화에서 취한 것이다. 아주 고도의 영적인 각성을 이룬 그녀의 헌신은 비타협적이고 한결같았다고 전해진다. 그녀는 자신의 주변에서 일어난 기적들을 우습게 여겼고 지옥의 두려움과 천국의 갈망을 가볍게 여겼다.

때때로 바스라 출신의 하산(Hasan of Basra)처럼 잘 알려진 영적인 인물들조차도 그녀의 예리한 위트의 대상이 되었고, 그러한 일화를 통하여 그녀의 깊은 지혜와 위대한 영적 힘이 표출되었다. 이러한 전망에서 우리는 그녀를 모든 시대를 통틀어서 가장 위대한 영성 작가(Spiritual writer) 가운데 한 사람인 루미(Rumi)와 비교해 볼 수 있다. 먼저, 그녀는 루미 보다 500년 정도 앞선 인물로, 그녀가 남긴 영성 시(Spiritual poems)는 우리가 알고 있는 수피 시의 거의 초창기에 해당된다. 루미가 바다라면, 라비아는 강의 시발점이 되는 샘[水源]이라고도 한다. 루미가 완전한 무아지경[법열]의 에너지와 옹골진 다차원의 의미들을 가지고 있다면, 라비아는 순결한 투명성과 중심을 향하여 엇갈리지 않고 곧게 나가는 힘을 가지고 있다고도 평한다. 자신의 삶과 수행의 장(場)인 하느님의 사막[광야]에서 그녀가 그랬듯이 – 포도주의 맛이 물의 맛[농도]과 깊이 관련된 것처럼 그녀는 자신이 삶을 영위할 때 필요한 훌륭한 농도[밀도]를 적절히 맞춘다.

그리고 라비아가 유일 절대자[궁극적 실재]를 호칭할 때, 그녀가 속한 아라비아어를 사용하는 이슬람 전통에 따라서 당연히 '알라'라고 발음 했을 텐데, 아라비아어 사용에 익숙지 않은 서방 전통에서는 이슬람 전통의 '알라'를 로마자로 옮겨서[음역하여] 흔히 Allah로 표기한다. 그 뿐 아니라 영어권에서는 그들에게 익숙한대로 이슬람의 유일 절대 신 Allah를 서방 그리스도교 전통해서 유일 절대자를 나타내는 God으로 부르기도 한다. 그리고 우리는 우리 전통 신 관념에서 지고한 존재(Supreme Being) 혹은 절대자(The Absolute)를 나타내는 신을 '하느님'이라 부르므로, 그런 언어 사용 습관에 따라서 이슬람 전통의 절대자 알라(Allah)에 대응하는 용어로 하느님이라는 용어를 사용하는 점에 대하여 양해가 될 수 있을 것으로 본다.

사랑은 하느님의 신비의 천체관측기

(메블라나가 말합니다)

사랑은 하느님의 신비의 천체관측기입니다.
사랑하는 이는 이 사랑이나 저 사랑에게 끌릴 수 있지만,
그는 끝내 사랑의 군주에게 끌립니다.
우리가 사랑을 많이 묘사하고 설명하지만,
우리가 사랑에 빠질 때,
우리는 우리가 내뱉은 말들을 부끄럽게 여깁니다.
말로 설명하여 그 대부분을 명료하게 하지만,
설명되지 않은 사랑이 더 명료합니다.
펜이 사랑의 주제를 다루었을 때, 그것은 부러졌습니다.
담론이 사랑의 주제에 이르렀을 때,
펜은 갈라지고 종이는 찢어졌습니다.
그것이 그것을 설명하려들 때,
식자는 곧바로 제 논리에 갇히고, 바보는 수렁에 빠지니,
오직 사랑 그 자체만이 사랑과 사랑하는 이를 설명할 수 있답니다!
오직 태양만이 태양 자체를 드러내서 보여줄 수 있으니,
당신이 그것을 보고 싶으면, 그것을 외면하지 마십시오.
그늘은 태양의 현존의 표지일 수 있습니다,
그러나 오직 태양만이 생명을 선사하는 빛을 줍니다.
늦은 밤 웅얼거리는 이야기처럼,
밤의 그늘은 잠이 오게 하지만,

태양이 떠오르면 '달빛은 쪼개져 흩어지고 맙니다'.

[마스나비54:1]

세상에서 태양처럼 그렇게 경이로운 것이 없는데,
영혼의 태양은 결코 질 수 없고, 그것은 영원합니다.
매일 뜨고 지는 태양이 독특하고 유일한데도,
사람은 그처럼 독특하고 유일한 다른 태양들을 마음 속에서 상상합니다.
그러나 하늘들 바깥의 영혼의 태양은 그것과 닮은 것이 없고,
나타낼 수도 없고, 상상할 수도 없습니다.
그분에 대하여 상상할 수 있도록
그분과 같은 본질에 대하여 생각해 볼 수 있는 관념의 공간이 어디에 있나요?
타브리즈의 샴스(태양)는 완전한 빛이고,
하느님의 빛 줄기 가운데 한가닥인 태양입니다!
"타브리즈의 샴스"의 찬사를 들었을 때,
넷째 하늘의 태양은 그 머리를 조아립니다.
내가 지금 그의 이름을 언급 했는데,
그것은 다만 그의 은혜에 대하여 몇가지 표지를 제공한 것 뿐입니다.
그 소중한 영혼이 내 옷자락을 붙잡았고,
요셉의 옷에서 나는 향기를 맡으며, 말했습니다.
"우리의 아주 오래된 우정을 위하여,
땅과 하늘이 기뻐할 수 있고,
지성과 영혼, 그리고 감식안이 백배나 증가할 수 있도록,
달콤한 황홀경[열락]의 상태에 대한 힌트를 말합니다. "

[마스나비1:110-127]

▒ '메블라나'(Mevlana)는 '우리의 주인' 혹은 '우리의 스승'이라는 뜻으로, 잘랄알딘 루미(Jalal al-Din Rumi)를 가리킨다. 샴스(Shams)는 타브리즈(Tabriz) 출신으로 루미의 영적 스승이자 동반자였는데, 공교롭게도 아랍어 '샴스'의 뜻이 '태양'이다. 실제로 샴스는 루미에게 태양과 같은 존재로 나타난다. 그리고 카미오 아담스 헬민스키(Camille Adams Helminski)에 의하여 영어로 번역된 〈마스나비(Masnavi)〉의 이 부분은 원래 잘랄알딘 루미(1207-1273)에 의하여 페르시아어로 쓰였다. 잘랄알딘 루미에 대하여 좀 더 자세한 소개는 2019년 파랑새 미디어에서 출판한 《루미의 사랑의 시》부록에 실린 〈이슬람 신비가, 시인 루미(Rumi)는 누구인가? 〉 참조.

앞에 아무 것도 없습니다

연인들은 그들이 서로 찾고 있다고 여기지만
실제로 찾는 쪽은 한쪽 뿐입니다: 배회—
이 세상을 배회하는 것은 그렇게 배회하며, 양쪽은
그 안이 투명하게 비치는 하나의 하늘 안에 있습니다.
여기에는 독단적인 교리도 이단도 없습니다.

예수의 기적은 바로 예수 자신인데,
그가 말한 것도 아니거니와
미래에 대하여 어떤 것도 하지 않았습니다.
미래는 잊어버리십시오.
나는 그렇게 할 수 있는 사람을 흠모할 것입니다!

당신이 지난 자취를 회상하고 싶을 수 있고,
그러지 않을 수도 있을터인데,
그 와중에 '앞에 아무것도 없다'고 당신이 말할 수 있다면,
거기에 실제로 아무것도 없을 것입니다.

당신의 두팔을 펼치고 당신의 두 손으로
당신의 옷 가운데서 그 옷을 집어드십시오.
고통의 치유는 바로 그 고통 안에 있습니다.
선과 악은 뒤섞여 있습니다.

만일 당신에게 그 둘이 없으면,
당신은 우리에게 속하지 않습니다.

우리 가운데 누가 상실되면, 여기서는 아니지만,
그가 우리 가운데 있을 것이 분명합니다.
세상 어디에도 그와 같은 곳이 없으니까요.

▒ John Moyne과 Coleman Barks가 함께 영어로 번역한 <There's Nothing Ahead> 의 원시는 루미(1207-1273)에 의하여 페르시아어로 쓰였다.

어쩌면 그들은 수줍어서

지금 밤새 떼가 노래합니다,
우리가 서로 사랑한다고.
왜 그들은 꽃들을 보고 노래하지 않고
언제 우리가 정원에 있는 것을 보았을까요?

어쩌면 그들은 수줍어서, 그 얼굴을 쳐다볼 수 없고,
그래서 그저 발모양이 어떠한지나 그려내고 있을 겁니다.
혹여 그들이 사랑을 여러 조각으로 쪼갠다면,
그들은 모두 함께 사라질 것입니다. 우리는 온화해야 하고
그들에게 그것을 설명해줘야 합니다.

산맥에 대하여 생각해 봅니다.
아주 거대한 코카서스 산맥은
아주 작은 알갱이들이 모여 이루어졌지요.
그 산맥이 호출할 때,
고만고만한 산맥들이 모두 그 품으로 달려듭니다.
그들은 모두 자기들이 여지 저기 품고 있는 동굴의 귀로 듣고 그
소리를 되돌려 줍니다.
그들이 서로 가까이 접근할 때, 그들은 서로 곤두박질 하며,
기쁨의 환성을 지릅니다.

더 이상 할 말이 없습니다. 이곳의 이름으로 우리는
숨을 들이 마시며 꽃처럼 고요히 머뭅니다.
그리고나서 밤새 떼는 노래하기 시작할 것입니다.

▒ John Moyne과 Coleman Barks가 함께 영어로 번역한 <Maybe They' re Shy> 의 원시는 루미(1207-1273)에 의하여 페르시아어로 쓰였다.

녹아내린 눈이 되십시오

완전히 깨어나서, 난데없이, 당신이 나를 보러옵니다.
"누가 여기 있나요?" 내가 묻습니다.
"달, 보름달이 당신의 집 안에 있답니다."

내 친구들과 나는 거리 속으로 달려나갑니다.
"나는 여기에 있소." 하는 음성이 그 집에서 들려오지만,
우리는 듣고있지 않습니다.
우리는 하늘을 쳐다보고 있습니다.
내가 기르는 나이팅게일이 정원에서
술 취한 것처럼 흐느낍니다.
숲비둘기들이 여기저기서 울며 흩어집니다. "어디요, 어디요."
한밤중입니다. 모든 이웃들이 일어나서 거리로 뛰쳐나오고
'밤 도둑이 돌아왔다'고 생각합니다.
진짜 도둑도 거기에 있는데, 큰 소리로 외칩니다,
"예, 밤 도둑이 군중들 가운데 어딘가에 있습니다."
그런데 아무도 주목하지 않습니다.

"주님, 저는 늘 함께 합니다."
그것은 하느님을 찾고 있을 때,
하느님은 당신의 두 눈에 깃들고,
바라보는 생각 가운데서,

당신 자신보다 당신에게 더 가까운데,
혹은 당신에게 일어나고 있는 일 가운데 있습니다.
그 때문에 밖으로 나갈 필요가 없어요.
눈처럼 녹아 내리십시오.
당신 스스로 당신 자신을 씻으십시오.

적막한 가운데 흰 꽃이 피어납니다.
당신의 말이 그 꽃이 되게 하십시오.

▒ A. J. Arberry와 Coleman Barks가 영어로 번역한 <Be Melting Snow>의 원시는 루미(1207-1273)에 의하여 페르시아어로 쓰였다.

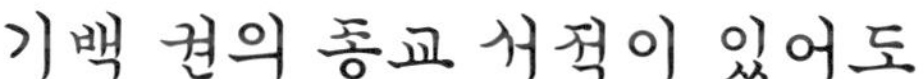

기백 권의 종교 서적이 있어도
그것들은 결과적으로 모두 한 장에 불과하고,
기백 곳에 서로 다른 성소(聖所)가 있어도
결국 하나의 제단(祭壇)이 있을 뿐입니다.
모든 길은 하나의 집으로 향하고
씨앗 한 톨에서 수 많은 싹이 돋아납니다.
수많은 종류의 음식과 음료가 있으나
그것들의 유일한 목적은 오로지 섭취하기 위한 것입니다.
굶주림의 눈길은 탐욕으로 이글거리나,
한 가지 음식으로 배를 가득 채우면,
다른 수많은 음식에 대하여 메스꺼워집니다.

▒ 마르얌 마피(Maryam Mafi)와 아지마 멜리타 콜린(Azima Melita Kolin)이 함께 영역(英譯)한 루미(1207-1273)의 <마스나비(Masnavi) 제6권 3667-3671행>에서: 따로 시의 제목이 붙지 않은 이 시의 첫 줄<There are hundreds of religious books>을 시의 제목으로 삼았다.

▒ 세상에 뭇사람의 신앙적 욕구를 충족시키기 위하여 수많은 "성소"가 있지만, 그렇다고 매 성소마다 '서로 다른 하느님'이 따로따로 현존하는 것이 아니고, 그 모든 곳은 다만 무소부재(無所不在)한 하느님의 현존을 드러내는 표지일 뿐이다. 본문의 "하나의 집"은 바로 하느님이 거하시

는 곳을 일컫는 것으로 보인다. 본문의 "씨앗 한 톨" 관련하여 우선 떠오르는 이미지는 옥수수나 볍씨 같은 곡물이다. 옥수수나 볍씨 한 톨이 자라고 거기에 수많은 낟알이 맺히고 영그는 이미지를 떠올려 보라. 낟알은 여럿이지만 그것은 오직 한 톨의 씨앗에서 비롯된 것이다. 한편 본문의 "다른 수많은 음식"은 세상의 여러 종교 혹은 신념체계[신앙]를 가리키는 것으로 볼 수 있고, "한 가지 음식"은 바로 내가 갈망하고 찾고자 했던 바로 그 '신앙' 을 가리키는 것으로 보인다.

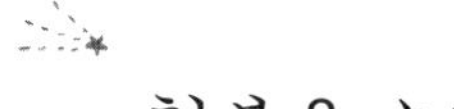

행복은 순간입니다

행복은 지극한 연민의 정을 담아
당신이 사랑하는 이의 머리를 어루만지는 순간입니다.
행복은 가을의 심연에서
봄의 미풍을 불러일으키는 순간입니다.

행복은 포도주 한잔을 들고
연인이 당신을 모임에 초대하는 순간이고,

행복은 연인이 약속을 요구하고 당신의 맹세를
기꺼이 수락하는 순간입니다.

행복은 "나는 내 정원에 아직 심지 않았습니다." 하고
내 마음이 말하자,
"당신이 심은 것은 무엇이든지 자랄 것입니다." 하고
당신이 대답하는 순간입니다.

행복은 밤에 헤어질 때 당신이
"잘 자요."하고 인사를 건네는 순간입니다.

행복은 동이 트는 아침에 당신에게 "좋은 아침입니다."하고
인사를 건네는 순간입니다.

행복은 사랑이 신의 은총의 구름을 휘감아서
사막에 진주 비를 내려주는 순간입니다.

▒ 마르얌 마피(Maryam Mafi)와 아지마 멜리타 콜린(Azima Melita Kolin)이 함께 영역(英譯)한 루미(1207-1273)의 <샴즈의 디반(Divan of Shamz)> 2814행에서: 따로 시의 제목이 붙지 않은 이 시의 첫 줄<Happy is the moment>을 시의 제목으로 삼았다. 한편 본문의 "연인"과 "사랑"은 실제로 이름을 붙일 수 없는 '궁극적 실재'로서의 신[하느님]을 가리킨다.

촛불이 흡수되는 것처럼

촛불이 태양 광선에 흡수되는 것처럼
　　모든 강물이 바다로 흡수되는 것처럼
　　사랑하는 이는 사랑받는 이 속으로 녹아듭니다.
사랑하는 이가 그리움으로 완전히 소진될 때까지
　　사랑받는 이의 얼굴은 숨겨져 있습니다.

▒ 마르얌 마피(Maryam Mafi)와 아지마 멜리타 콜린(Azima Melita Kolin)이 함께 영역(英譯)한 루미(1207-1273)의 《(Shafii Kadkani's Selection of the Divan)》 142행에서: 따로 시의 제목이 붙지 않은 이 시의 첫 줄 〈As candlelight is absorbed〉을 시의 제목으로 삼았다. 한편, 본문에서 "사랑하는 이"는 궁극적 실재로서의 절대자[신]와 합일[天人合一]을 갈망하는 구도자[수행자]를 가리키고, "사랑받는 이"는 실제로 이름을 붙일 수 없는 '궁극적 실재'로서의 신[하느님]을 가리킨다.

늙고 무력해져서

하지만 늙고, 무력해져서
나는 상심하게 됩니다, 그러나
당신의 얼굴을 회상하는 순간
내 청춘이 회복되지요.

내가 온전히 하느님을 찾아나섰기에
그분을 찾았고,
내가 분투 노력하여
행운을 성취해냈습니다.

어린 나무여, 당신의 영광 안에서 기뻐하시라.
당신의 그늘이 있기에, 거기서 나는
지금 어디에서든 듣게되는
노래하는 나이팅게일인 것입니다.

존재의 높이와 심연을
처음에 나는 몰랐지만,
당신을 향한 그리움 안에서 훈련되고 나서
내가 얼마나 성장했는지 제대로 알게 되었답니다!

운명은 나를 포도주 가게 문턱으로 이끌었습니다—
내가 후들후들 거렸음에도,
나는 늘 갈 때까지 갔습니다.
그것에 저항하는 일은 쓸데없는 일이었습니다.

몇 달 그리고 몇 년 안에 내가
늙지는 않습니다. 진실을 말하면
내가 사랑하는 친구가 내게 진실하지 않습니다—
그것이 바로 나를 늙게 만드는 것입니다.

내 가슴 속에, 의미의 문이
내가 찾은 날에 열리고
우리 조상 조로아스터교도가 나갔다가
그의 안뜰로 들어왔습니다.

영광의 가도(街道) 위에서, 행운의 왕좌 위에서,
나는 포도주 잔을 들어올리고,
내 친구들의 따뜻한 환영과
그들의 찬사를 받는군요!

님이 흘끗 쳐다보는 그 순간부터
처음으로 그것은 나를 당혹케 하였으나, 나는
그 모든 당혹을 견뎌낼 면역이 있다고 확신합니다.
그리고 마지막 날들이 닥쳐옵니다.

그 마지막 밤, 하느님이 가져다 준 관대한 소식—
“하페스, 내가 보장한다. 너의 모든 죄는 용서받을 것이다.
돌아 오너라, 나에게 돌아 오너라! ”

▒ 딕 데이비스(Dick Davis)가 영어로 번역한 이 시 〈However old, Incapable〉는 원래 하페스(Hafez, 1315-1390)에 의하여 페르시아어로 쓰였다.

나는 비를 내립니다

당신의 목초지(牧草地)가
하느님을 부르기 때문에,
나는 비를 내립니다.

당신의 마음이 그것들을 지켜내도록, 나는
빛으로 말씀들을 빚어냅니다.

당신의 눈길은 그것들의 슬픔을 없앨것입니다,
밝아지고, 좀 더 밝아져
초 한자루가 어두움을 밝히듯
우리에게 빛을 선사해주기를.

생일 선물처럼 나는 내 웃음을 쌌고
그것을 당신의 침대 곁에 두었습니다.

나는 하늘에 있는 모든 이정표 옆에 있는
내 심장에 지혜를 심었습니다.

부유한 사람은
자주 괴벽스러워지고,

신성에 압도된 영혼은
변화되어 한없이 너그러워집니다.

덤으로 얻은 황금 자루들을 묶어
달들과 행성들과 무아지경으로 허공에 매달린
탁발승과 지저귀는 새들의 이리저리 흔들리는 발들에게.

당신 몸의 모든 세포가
하느님께 닿았기 때문에,
나는 말합니다.

▒ 대니얼 래딘스키(Daniel Ladinsky)가 영어로 번역한 이 시 <I Rain>는 원래 하페스(Hafez,1315-1390)에 의하여 페르시아어로 쓰였다.

이 나무 위에 새가 있네

나무 위에 새가 있네.
그 새가 생명의 기쁨 속에서 노래하며 춤추네.
아무도 새가 어디에 있는지 모르네.
그리고 그 음악의 부담이 무엇일지 누가 알겠는가?
나뭇가지들 아래 그늘이 깊이 드리워지고,
거기에 새의 보금자리가 있네.
그리고 새는 저녁에 돌아오고 아침에 날아가 버리네,
그리고 그것이 무엇을 의미하는지 아무말도 하지 않네.
내 안에서 노래하는 이 새에 대하여 아무도 나에게 말하지 않네.
그것은 색깔이 있지도 않고 없지도 않네.
그것은 형태가 있지도 않고 윤곽이 있지도 않네.
그것은 사랑의 그늘에 앉아있네.
그것은 닿을 수 없는 분 안에, 무한하신 분 안에,
그리고 영원 안에 머무네.
그리고 그것이 언제 오고 가는지 아무런 자취나 흔적이 없네.
카비르가 말하네:
“오, 수행하는 형제여! 그 신비는 깊으니,
현자로 하여금 그 새가 머무르는 곳을 알도록 찾도록 하세.”

▒ 이 한글 번역의 저본은 라비드라나드 타고르(Rabindranath Tagore,1861-1941)가 영역한 카비르(Kabir,1440-1518)의 시가집－ SONGS OF KABIR이고, 그 가운데 있는 <On this tree is a bird>의 번역이다.

▒ 한글로 번역하여 여기에 실은 카비르의 시가(詩歌)는 15세기 당시 서민들이 사용하는 통속적인 힌두어로 쓰인 것으로, 1913년 아시아인으로 처음 노벨문학상을 받은 인도의 라빈드라나드 타고르가 생전에 영어로 번역한 것인데, 1915년 뉴욕의 맥밀란(Macmillan) 출판사에서 초판이 간행되었다. 모두 100편의 시가를 실은 '카비르의 노래(Songs of Kabir)'에 에벌린 언더힐(Evelyn Underhill,1875-1941)이 쓴 38쪽에 이르는 서문(introduction)도 함께 실렸다. '카비르의 노래'는 수피즘과 힌두이즘이 융화되어 있는데, 그것은 카비르(Kabir)가 무슬림 가정에서 태어났으나, 훗날 그가 힌두 박티(Hindu bhakti)의 지도자 라마난다(Ramananda)의 영향을 깊이 받았기 때문이다. '카비르의 노래'에 실린 에벌린 언더힐의 서문은 15세기 인도의 신비가요 신비주의 시인 카비르와 그의 신비주의 문학과 사상을 이해하는데 도움이 된다. 참고로 그의 출생과 사망 연도에 대하여 정확히 알려져있지 않다. 그 때문에 그의 출생과 사망 연도에 대한 이견이 있으나, 여기서는 통상 그가 아마 1440경에 태어나서 1518년 경에 세상을 떠난 것으로 보는 견해를 받아들인다.

내 가슴이여, 춤을 추어라!

내 가슴이여, 춤을 추어라!
기쁨으로 오늘 춤추어라.
사랑의 선율들이 음악과 함께 여러 밤낮을 채우고,
세상은 그 가락을 듣고 있네.
이 음악의 율동에 맞추어 기쁨과 삶과 죽음으로 미친듯이 춤추네.
여러 언덕과 바다와 땅이 춤추네.
인간 세상이 웃음과 눈물이 범벅이 되어 춤을 추네.
왜 수도자의 복장을 하고,
고독한 자부심 속에 세상과 떨어져서 사는가?
보라!
내 가슴은 수백가지 예술이 빚어내는 기쁨 속에서 춤추고,
조물주는 매우 흐뭇해 한다네.

▦ 이 한글 번역의 저본은 라비드라나드 타고르가 영역한 카비르(Kabir, 1440-1518)의 시가집 – SONGS OF KABIR이고, 그 가운데 있는 <Dance, my heart!>의 번역이다.

이상한 나무가 있네

이상한 나무가 있네.
그것은 뿌리가 없이 서있고 꽃을 피우지 않고 열매를 맺네.
그것은 가지들도 없고 잎들도 없네,
그것이 도처에 있는 연꽃이라하네.
새 두마리가 거기서 노래하네.
하나는 스승이고 다른 하나는 제자이네.
제자가 다양하고 많은 생명의 열매들을 고르고 그것들을 맛보네.
그리고 스승은 기쁨 속에 그를 바라보네.
카비르가 말하는 것은 이해하기 어렵네:
"새는 찾을 수 있는 그 너머에 있지만,
그것은 아직도 선명히 알아볼 수 있네.
무형의 것이 모든 유형의 것 가운데 있네.
나는 모든 형태의 영광을 노래하네."

▒ 이 한글 번역의 저본은 라비드라나드 타고르가 영역한 카비르(Kabir,1440-1518)의 시가집 – SONGS OF KABIR이고, 그 가운데 있는 <There is a strange tree>의 번역이다.

무한한 신의 피리

무한한 신의 피리가 쉼없이 연주되는데,
그 소리는 사랑이라네.
사랑이 모든 제한을 철폐하면,
진리에 도달한다네.
그 방향(芳香)이 얼마나 넓게 퍼져나가는지!
끝이 없다네, 아무것도 그것을 막을 수 없다네.
이 선율의 모양은 백만개의 태양만큼이나 밝다네.
칠현금의 소리,
진리의 음조를 지닌 그 칠현금에 비길수 있는 것은
아무것도 없다네.

▩ 이 한글 번역의 저본은 라비드라나드 타고르가 영역한 카비르(Kabir,1440-1518)의 시가집 – SONGS OF KABIR이고, 그 가운데 있는 <The flute of the Infinite>의 번역이다.

황무지

하눌님께 헌신하는 사람에게
위안(慰安)은
(단지 그가 본 것이나 경험한 것이나 아는 것 때문에)
현혹 될 수 있는 위험한 곳이다
하지만 그가 머물 집은 황무지(荒蕪地)다.
그가 황무지에서 하느님에게 사로잡혔기 때문에
하느님에게 전적으로 내맡겨진 황무지,
암흑 속에서, 허무 속에서,
상실 속에서,
자아의 죽음 가운데서.
그렇다면 자아는 오직 폐허(廢墟)일 뿐이다,
아니 그것은 폐허일 수 조차 없다!

▒ 토마스 머튼(Thomas Merton,1915-1968)이 지은 황무지(Desolation)의 번역이다.

하늘은 별로 가득차 있는데

고개를 떨구고 말없이 황망히 걷는 사람이 있다
그는 하늘 가득한 별을 보지 않는다
푸른 초원 위에 팔 베고 누워서도 별을
쳐다보지 않는 사람이 있다
그가 철학 인생 사랑에 대하여— 목청을 높인다

땅만 내려다보고 걷는 사람이 있다
그는 땅을 가로질러 펼쳐진 수많은 산맥과
땅의 골을 따라 흐르는 수많은 강들을
일찌감치 잊어버렸다
지도 한 장에 펼쳐진 표지판도 전혀 도움이 되지를 않는다
그를 바라보는 한 무리의 용사들은 용기백배하여
머리를 치켜들고 대지를 활보하고
또 다른 세상으로 출정한다

새파랗게 젊은 시절에 한 무리의 용사들은
공자(孔子)를 해부하고
장자(莊子)와 혜시(惠施)를 혀끝에 올려놓고
쉴 새 없이 뱉었다 삼켰다
그들은 함께 큰 꿈을 꾸었고
나뭇가지 위에서 쉴 새 없이 재재거리는 새들처럼

쉼 없이 재잘거렸다

별과 눈동자의 거리가 아득하여 닿질 못하니
그저 침묵으로 항의할 뿐이다
원고지는 공백(空白)으로 남아있고
시인(詩人)은 일찌감치 소리 없이 자리를 뜬다

나뭇잎이 비바람에 날려 등잔불을 덮어
빛을 죽이니 그들 모두 짧디 짧은 생을 마감한다
암흑의 밤은 갈수록 그 어두움을 짙게 드리우고
우리의 시대는 고개를 떨구고 말없이 하릴없이 걷는다
하늘은 별로 가득차 있는데

태고적 신화의 찬란한 섬광은 기억의 세포에서 지워지고
초원에 팔베개 하고 누워 별을 쳐다보지 않는 사람은
여전히 정적이 흐르는 가운데서 사색을 하고있다
철학 인생 사랑에 대하여—

▒ 이것은『台灣詩學季刊』第三十四期(中華民國九十年三月出版)에 실린 천쥐엔홍(陳雋弘)이 지은「滿天有星」의 번역이다.

대나무 숲 정자에 앉아

정적이 흐르는 대나무 숲에 홀로 앉아
현금을 뜯으며 노래 한다
이 깊은 삼림 속을 그 누가 알리요
그저 휘영청 밝은 달빛 만이 나를 소리없이 비춘다

獨坐幽篁裏
彈琴復長嘯
深林人不知
明月來相照

▒ 이것은 당 나라(唐朝) 시인 왕웨이(王維)가 지은 竹里館[五言絶句]의 번역이다.

—주석—

* 竹里館: 王維의 만년에 輞川(지금의 陝西省 藍田縣)에 있는 산골짜기에 별장을 한 채 지어서 기거했다고 한다. 그곳은 풍경이 아름다운 명승지인데, 竹里館은 바로 그 가운데 하나이다.
* 幽篁: 깊고 조용한 대나무 숲. 篁은 대나무 숲이다.
* 復: 이것은 又와 같은 뜻으로, '또한' 의 뜻이 있다.
* 長嘯: 휘파람을 불듯이, 긴 소리로 부르는 것이다.

－감상 포인트－

대나무[竹]는 사군자(四君子: 梅蘭竹菊) 가운데 하나로, 예부터 공부하는 이[선비나 사대부]들이 즐겨 감상하고 노래하던 대상이다. 그것은 줄기가 실하고 튼튼하며 곧게 자랄 뿐 아니라 의연하고, 그 속이 비었기 때문이다[虛心,中空]. 따라서 공부하는 이들은 대나무를 애호하였다. 설령 홀로 머물 때라도 외로움을 느끼지 않으며, 형편에 따라 현금을 뜯거나, 목청을 돋우어 노래도 불렀다. 휘영청 밝은 달빛이 바로 내 소리를 알아듣고 나를 이해하여 줄 것이니, 아무도 나를 알아주는 이가 없어도 전혀 상관하지 않는다.

굳이 몇 마디로 오늘을 사는 사람들의 일반적 특징을 나타내는 것이 있다면, 그것이 무엇일까? 바쁘다. 각종 소음에 익숙해지거나 방치되어 있다. 대부분의 관심은 자아의 내면보다 자아 바깥의 외물(外物)에 있다. 만족을 추구하되 인스턴트 식품처럼 비교적 쉽게 빨리 찾을 수 있고 감각적인 것들이다. 과연 그런가?

기회가 닿으면, 가끔씩이라도 대자연이 선사하는 고요함과 한가로움에 한번 흠씬 젖어보는 것은 어떨까! 필요한 것은 다만 한 조각 마음, 그 마음으로 대자연과 접촉해 보자. 껍데기와 껍데기의 만남이 아니라, 진정한 만남을 한번 가져 본다면 …… 그럴 수 있다면 그대는 움직이는 것[動] 가운데서 고요히 머무는 휴식[靜]의 본체와 만날 수 있을 것이다. 그런 가운데 비로소 머리 속에 부유하는 잡다한 지식의 구속에서 벗어날 수 있게된다. 흔들림 없는 마음의 안정과 의식의 맑음을 회복한 뒤에야 비로소 우리의 사유의 길도 제 길로 접어들 수 있지 않을까.

이 시를 해석하고 감상하는 데 있어서, 臺灣 大千文化出版社業公司(1994년10월 간행)가 출판한 『唐詩集』의 도움을 받았다.

6

✿

想要做這樣的人

永遠站在你的背後看著你
不過你卻不知他是誰
像寂靜的影子那樣
一直站在那裏看著你

你背負了世界的重擔而疲憊時
我將成為雨水
濕潤你重新活得快樂
我將成為微風
涼爽了你抑鬱的胸口

在孤獨時默默地仰望著深夜的天空
總是看到那一顆星
就想到你孤寂的眼神

你在人生旅途中迷路時
我是夜晚海洋中的的燈塔
在那裏閃閃發光

你背負著所有重擔而孤獨、受苦時
像什麼都能放進去的行囊那樣
我想要能替你將這一切都放進我心靈的行囊

你在難過時
心酸心也變得冷漠
快要過不下去的時候
想要成為一個毛毯
蓋在你受傷的心靈上
使你在那溫暖的懷抱裏休息

有一天覺得很悶
想要出門散散心
正在躊躇不知往那裏去
這時總是為你等待的凳子那樣
我想要成為等待你的長凳

還有
有時你想要回憶過去時
我想要成為幫助你回憶過去的
相簿

原文作者未詳, 梁在五神父譯於芎林

✿

我想要給你的

想要給你聽的聲音
不是莊嚴的音樂
是深夜開窗時
微微聽到的小雨滴聲

想要給你看的
不是悠游的河流
是從深山幽谷裏
湧出來的泉水

想要送你的一份禮物
不是一棵大樹
是在秋天樹枝上的幾顆果實

想要提醒你的
不是人生偉大的智慧
是要吃早餐
睡前記得刷牙

想要從你身上接到的
不是名牌的車子
只是可愛的髮飾

想要跟你相遇的地方
不是在豪華的餐聽
是在村子裏小巷中的長凳

想要跟你講的話
不是嚴肅地說出「我愛你」
是親密的隨時可以講的「想要看你」

想要跟你一起去的地方
不是到海外的遠行
只是跟你手拉手到附近的小丘

我對你的一股希望
不是工作的成功也不是提升地位
是越來越溫柔的模樣和心靈寬裕的生活

原文作者未詳, 梁在五神父譯於芎林

你的最美

即使沒有達到你所盼望的程度
別焦急也別掛念
如果抱著信與望已用盡了你極限的精力
其實已達到了你最美最圓滿的境界

你真情的愛某人
別焦急也別掛念你的愛不夠圓滿
如果已耗盡了你心愛的力量
其實已成全了你的愛情

在悲傷而哭泣時
別責備你的淚流不夠
如果已耗盡了你的眼淚
其實你的眼淚已足夠美麗

要是不能徹底忘記也不能完全寬恕別人的過錯
別愧疚也別責怪自己
如果在寬恕的過程中
你已受了足夠的痛苦也發揮了你最大的心願
雖然有限
你的靈魂已足夠美麗

要是你還沒完全脫離你極大的欲望

別悲嘆也別指責你自己
如果你為脫離你的欲望
時時刻刻警醒雖還沒完全脫離
那悲嘆之美卻刻在你心中

跑步時你的腳力疲弱
別傷心
你還可以走路
你繼續行走時
在你的奮鬥中
就有你的毅力之美

這世界上各種各樣的花朵
從來沒有焦急
也沒有發愁不夠漂亮
它們之間也絕不計較
因為它們具有自己的本色與固有之美
它們已達到自己的最大限度

原文作者未詳,梁在五神父譯於芎林

✿

童年的夢 / 竹岫

我家門前有小河 河裏有小鴨
小鴨悠悠自在游 遊著! 遊著! 童年的夢

夢裏
姐姐與我玩著 攜手歡樂小溪中
哥哥背著我涉水 走過小橋 走向外婆家
那條溫暖的小河 甜甜地流過我童年的夢

長大後
河水依然哼著昔日的兒歌
而我也看著童年的孩子 遊玩在潺潺小河裡
那條溫暖的小河 又甜甜地重流過我的心頭
小鴨悠悠自在游 遊著! 遊著! 童年的夢

▒ 翻譯成韓文的這首詩收錄於本書中,
其題目是<유년의 꿈>。

機遇 / 趙蔚然

像天空繁星, 忽現忽隱;
像水面浮萍, 飄流不停;
人生的機遇, 稍縱卽逝;
切莫等待, 切莫遲延, 切莫因循。

像晴空白雲, 連綿不盡;
像江上帆影, 迎向光明;
美妙的人生, 永無窮盡;
我心嚮往, 我靈渴羨, 我願追尋。

翻譯成韓文的這首詩收錄於本書中,
其題目是<쏜살같이 지나가는 기회>。

偶然 / 徐志摩

我是天空裡的一片雲
偶爾投影在爾的波心
你不必訝異無須歡喜
在轉瞬間消滅了踪影

你我相逢在黑夜的海上
你有你的我有我的方向
你記得也好最好你忘掉
在這交會時互放的光亮

▒ 翻譯成韓文的這首詩收錄於本書中，
其題目是<우연>。

✿

詩的曠野_給年輕的詩人 / 席慕蓉

文字並非全部
生活也不是　我們其實
不需要逼迫自己
去證明這一生的意義和價值

在詩的曠野裡
不求依附　不去投靠
如一匹離群的野馬獨自行走
其實　也並非一無所有

有遊蕩的雲　有玩耍的風
有潺潺而過的溪流
詩　就是來自曠野的呼喚
是生命擺脫了一切束縛之後的
自由和圓滿

▒ 翻譯成韓文的這首詩收錄於本書中，
其題目是<시의 광야_젊은 시인에게 부치는 글>。

孤獨的行路者 / 席慕蓉

生命原來並沒有特定的形象，也沒有固定的居所，更沒有他們所說的非遵循不可的規則。

藝術品也是這樣。

規則只是為了膽怯懶惰的行路者而設立的，因為，沿著路標的指示走下去，他們雖然不一定能夠找到生命的真象，卻總是可以含糊地說出一些理由來。

那些理由，那些像網目一樣的理由使人容易聚合成群，容易產生一種自滿的安全感。

但是，當山風襲來，當山風從群峰間呼嘯而來的時候，只有那孤獨的路者才能感覺到那種生命裡最強烈的震撼吧？

在面對著生命的真象時，他一生的寂寞想必在刹那間都能獲得補償，再長再遠的跋涉也是值得的。

▒ 翻譯成韓文的這首詩收錄於本書中，
其題目是<고독한 행인>。

高山深谷的一朵小花

想要隱居於偏遠的高山深谷
想要成為超然獨處於那裡的一朵小花

連蜜蜂蝴蝶之影都見不著的山谷裡
想要成為孤居於那裡的無名小花

若只有我君太陽能見到我
願一生一世躲著躲著開在那裡

原文作者: 崔玟順神父(1912~1975), 梁在五神父譯於香山

崔玟順(최민순,1912~1975)神父在40年的司鐸生涯裡, 20多年在韓國天主教大學神學院(Theological Faculty of The Catholic University of Korea)參與司鐸培育(Priestly Formation)工作。其間他也教授靈修神學(Spiritual Theology),其中他特別關注西班牙的聖十字若望(St. John of the Cross)與聖女大德蘭(St. Theresa of Avila)的加爾默羅(carmelite)的靈性生活。他雖屬於教區神父, 但他像隱修士般過日子, 亦人人都從他身上感受到了隱修者的風格。這位神父也是一位詩人。他留下了兩本詩集, 我們在這「高山深谷的一朵小花」裡就會感受到一位隱修者的願望。崔神父的韓文著作:散文集《生命之曲》,詩集《我主》, 詩集《黑夜》; 還有精通拉丁文與西班牙文的他生前出版的幾本韓譯本是如下:但丁的史詩《神曲》, 塞凡提斯的《堂吉訶德》,奥古斯丁的《懺悔錄》,亞維拉之大德蘭的《聖德之路》與《靈心城堡》, 聖十字若望的《加爾默羅山的上昇》與《心靈的黑夜》, 聖經中的《聖詠》與《雅歌》等,他離世後他的遺稿集以《永恆之路》之名成書。

✿

因為幸虧有你

死亡!
有你,

忘記
老天多麼高
鼻子高聳的人
終於認清
原來自己的鼻子
根本比不上天

死亡!
有你,

人不得不
面對自己有限
而認清
早晚而已
某一天離開這世界之命運

死亡!
有你,

可以坦承
人的
無限欲望
終有一天
與他一起消逝

死亡!
有你,

傲慢與欲望的俘虜
究竟被你釋放
終於在老天的懷抱裏
永遠安息

梁在五神父寫於芎林
2009年2月28日

雨滴的傳說

有一顆小雨滴的傳說,
它給我們一個美好的領悟。

停留在天上的一顆小雨滴
一直焦慮不安,
是否自己該降落到地上。

那閃耀地一顆小雨滴
跟那裏的小精靈提出個要求,

我高掛天空閃爍發光又漂亮又可愛,
我在這裏時,就成為
五彩繽紛彩虹的一分子,

也反射像鑽石那樣
閃光照耀全世界

但是小精靈
對那顆小雨滴說,
別躊躇,你就快下去吧,
要是你降落到地上,就變得更漂亮,

滲透到土壤裏,這時
你好像在這世界裏消失,

可是你重新在地上顯現時,
你會充滿著信心與開心,

因為這時你可成為
解渴的水滴,
幫助到處盛開的漂亮的花朵,

在復活時
你會穿著有百合花的美麗
和玫瑰芬芳的高貴衣服,
而出現在這世界上,

然後你又慢慢
衰弱而凋謝,
又成為土壤的一部分,

因為有你,
土壤也成為肥沃,
讓新的花朵再開

任何東西都
永遠不會被喪失,
誰都不會被忽略,

天主所造的一切
總是要復活起來。

因此相信天主的智慧,
且絕對別懷疑祂。

在祂的王國裏,
任何東西都
永遠不會消失,
絕對不會被遺忘。

原題: The Legend of the Raindrop by Helen Steiner Rice(1900-1981),
梁在五神父譯於芎林

7

Lovely Flower

Lovely Flower
Who fashioned thy face
and spreads thy fragrance
upon the fleeting breeze?

by Edward J. Farrell

This verse has been translated into Korean by Jae-Oh Yang and is printed in this book. The Korean title of this verse is <사랑스러운 꽃>.

Beauty Secrets

For attractive lips, speak words of kindness.
For lovely eyes, seek out the good in people.
For a slim figure, share your food with the hungry.
For beautiful hair, let a child run his fingers through it once a day.
For poise, walk with the knowledge you'll never walk alone ...
People, even more than things, have to be restored, renewed, revived, reclaimed and redeemed and redeemed and redeemed.
Never throw out anybody.
Remember, if you ever need a helping hand, you'll find one at the end of your arm.
As you grow older you will discover that you have two hands.
One for helping yourself, the other for helping others.

by Sam Levinson
Audrey Hepburn read this poem to her sons on Christmas of 1992, the last Christmas she spent with them. This prose poem has been translated into Korean by Jae-Oh Yang and is printed in this book. The Korean title of this prose poem is <아름다움의 비결>.

Smiling Is Infectious

Smiling is infectious,
you catch it like the flu,
When someone smiled at me today,
I started smiling too.
I passed around the corner
and someone saw my grin.
When he smiled I realized
I'd passed it on to him.
I thought about that smile,
then I realized its worth.
A single smile, just like mine
could travel round the earth.
So, if you feel a smile begin,
don't leave it undetected.
Let's start an epidemic quick,
and get the world infected!

Author Unknown
This prose poem has been translated into Korean by Jae-Oh Yang and is printed in this book. The Korean title of this prose poem is <미소는 전염성이 있어요>.

The Wonder of It All

Do you ever wonder
At the wonder of it all?
Do you ever stand in awe
of the tiniest things
and how perfectly they work together?

Do you ever stop to think
about all the possibilities
and how even though they have no limit
they grow in number with every minute?

Do you ever wonder
when the leaves flutter down in autumn
at the incomprehensible power of life
that brings them back in spring?

Do you watch the waves roll in
and then look out far beyond them
where the water seems to touch the sky
and realize
that the vast expanse before your eyes
is only a small little corner

of all there really is?

And do you comprehend that all there really is,
as unimaginably grand as it may seem,
is only a smaller corner still
of all that there can be?

Do you ever wonder
how love can stay alive
past every pleasure and every pain
and even when there can be no hope
there is more than ever?

Do you ever struggle to lift a heavy rock and wonder
how a massive mountain can rise
thousands of feet above the plain
without even trying?

Do you ever realize that
no matter how much you may know,
no matter how many wonders you may have experienced,
there will always, always be more?

Do you ever wonder
why it is you wonder and why you know what beauty is

even though you can't define it?

Do you ever wonder
who is doing the wondering,
who is looking out through your eyes
and feeling completely at home
with the wonder of it all?

Whatever you believe,
whatever you profess,
whatever you doubt or fear or hope for,
there are some things
your heart cannot deny
when you let go and let yourself know
the wonder of it all.

by Ralph Marston

This prose poem has been translated into Korean by Jae-Oh Yang and is printed in this book. The Korean title of this prose poem is <모든 존재의 경이로움>.

Desiderata

Go placidly amid the noise and haste, and remember what peace there may be in silence.

As far as possible, without surrender, be on good terms with all persons. Speak your truth quietly and clearly; and listen to others, even to the dull and the ignorant, they too have their story. Avoid loud and aggressive persons, they are vexations to the spirit.

If you compare yourself with others, you may become vain and bitter; for always there will be greater and lesser persons than yourself. Enjoy your achievements as well as your plans. Keep interested in your own career, however humble; it is a real possession in the changing fortunes of time.

Exercise caution in your business affairs, for the world is full of trickery. But let this not blind you to what virtue there is; many persons strive for high ideals, and everywhere life is full of heroism. Be yourself. Especially, do not feign affection. Neither be cynical about love, for in the face of all aridity and disenchantment it is perennial as the grass.

Take kindly to the counsel of the years, gracefully surrendering the things of youth. Nurture strength of spirit to shield you in sudden misfortune. But do not distress yourself with imaginings. Many fears are born of fatigue and loneliness.

Beyond a wholesome discipline, be gentle with yourself. You are a child of the universe, no less than the trees and the stars; you have a right to be here. And whether or not it is clear to you, no doubt the universe is unfolding as it should.

Therefore be at peace with God, whatever you conceive Him to be, and whatever your labors and aspirations, in the noisy confusion of life, keep peace in your soul.

With all its sham, drudgery and broken dreams, it is still a beautiful world.

Be cheerful. Strive to be happy.

by Max Ehrmann c.1920
This prose poem has been translated into Korean by Jae-Oh Yang and is printed in this book. The Korean title of this prose poem is <간절히 염원하는 것들>.

Poetry and Myself

Away from this maddening crowd,
Away from this life of materialist world,
Away from this mob,
demanding you,
To be of their kind.
I want to be in my own world.
But where is the way out?
Then I found the way,
Searching for the time,
Struggling to be myself,
I living in my poems
where I found the real "me".

by Aparajita Gurung
This verse has been translated into Korean by Jae-Oh Yang and is printed in this book. The Korean title of this verse is <시와 나>.

What Is A Sister?

A sister is someone more special than words.
She's love mixed with friendship, the best things in life.
She's so much inner beauty blended together with an outward appearance that brings a smile to the happiness in your heart.
A sister is one of the most precious people in the story of your life.
And you'll always be together, whether you're near or apart.

Together, you have shared some of the most special moments two people have ever shared.
A sister is a perspective on the past, and she's a million favorite memories that will always last.
A sister is a photograph that is one of your most treasured possesions.
She's a note that arrives on a special day, and when there's news to share, she's the first one you want to call.
A sister is a reminder of the blessings that come from closeness.
Sharing secrets.
Disclosing dreams. Learning about life together.

A sister is a confidante and a counselor.
She's a dear and wonderful friend, and - in certain ways - something like a twin.
She's a hand within your hand; she's so often the only one who really understands.

A sister is honesty and trust enfolded with love.
She's sometimes the only person who sees the horizon from your point of view, and she helps you to see things more clearly.
She is a helper and a guide, and she is a feeling, deep inside, that makes you wonder what you would ever do without her.

What is a sister?
She's someone more special than words; someone beautiful and unique.
And in so many ways, there is no one who is loved so dearly.

by Douglas Bagels
This prose poem has been translated into Korean by Jae-Oh Yang and is printed in this book. The Korean title of this prose poem is <누이는 어떤 존재인가?>.

A Forever Friend

Sometimes in life, you find a special friend;
Someone who changes your life just by being part of it.
Someone who makes you laugh until you can't stop;
Someone who makes you believe that there really is good in the world.
Someone who convinces you that there really is an unlocked door just waiting for you to open it.
This is Forever Friendship.
When you're down, and the world seems dark and empty,
Your forever friend lifts you up in spirit, and makes that dark and empty world suddenly bright and full.
Your forever friend gets you through the hard times, the sad times, and the confused times.
If you turn and walk away, your forever friend follows.
If you lose your way, your forever friend guides you and cheers you on.
Your forever friend holds your hand and tells you that everything is going to be okay.
And if you find such a friend, you feel happy and complete, because you need not worry,
You have a forever friend for life, and forever has no end.

Author Unknown
This prose poem has been translated into Korean by Jae-Oh Yang and is printed in this book. The Korean title of this prose poem is <영원한 친구>.

Don't Call Me A Stranger

Don't call me a stranger;
I need to feel at home;
Especially when loneliness cools my heart.

Don't call me a stranger;
The soil we step on is the same;
But mine is not "the promised land"

Don't call me a stranger;
The color of my passport is different;
But the color of our blood is the same.

Don't call me a stranger;
The language I speak sounds different,
But the feelings it expresses are the same.

Don't call me a stranger;
I toil and struggle in your land;
And the sweat of our brows is the same.

Don't call me a stranger;
Borders, we created them;

And the separation that results is the same.

Don't call me a stranger;
I am just your friend;
But you do not know me yet.

Don't call me a stranger;
We cry for justice and peace in different ways
But our God is the same.

by Comboni Missionaries of the Heart of Jesus, 1995 (Abridged version)
This prose poem has been translated into Korean by Jae-Oh Yang and is printed in this book. The Korean title of this prose poem is <나를 이방인이라 부르지 마셔요>.

Beyond The Rainbow's End

Beyond the rainbow's end, there lies
The land of love and light,
Where shadows never dim the skies,
For there ~~ there is no night.

And though the loss is hard to bear
Of loved one, or of friend,
We know that we shall find them there ~~
Beyond the rainbow's end.

by Katherine Nelson Davis
This verse has been translated into Korean by Jae-Oh Yang and is printed in this book. The Korean title of this verse is <무지개 끝 저 너머에>.

The Rose Beyond The Wall

A rose once grew where all could see,
sheltered beside a garden wall,
And, as the days passed swiftly by,
it spread its branches, straight and tall...

One day, a beam of light shone through
a crevice that had opened wide ~
The rose bent gently toward its warmth
then passed beyond to the other side...

Now, you who deeply feel its loss,
be comforted ~ the rose blooms there ~
Its beauty even greater now,
nurtured by God's own loving care.

Author Unknown
This verse has been translated into Korean by Jae-Oh Yang and is printed in this book. The Korean title of this verse is <벽너머 피어난 장미>.

Thy gifts to us mortals

Thy gifts to us mortals fulfill all our needs and yet run back to thee undiminished.
The river has its everyday work to do and hasten through fields and hamlets; yet its incessant stream winds towards the washing of thy feet.
The flower sweetens the air with its perfume; yet its last service is to offer itself to thee.
Thy worship does not impoverish the world.
From the words of the poet men take what meanings please them; yet their last meaning points to thee.

Originally published 1913 in Great Britain by Macmillan Publishing Company
Renewed 1941 by Rabindranath Tagore
Present edition is published 1997 by Simon & Schuster Inc.
This verse has been translated into Korean by Jae-Oh Yang and is printed in this book. The Korean title of this verse is <죽을 운명을 지닌 우리에게 주는 당신의 선물들>.

Death, thy servant, is at my door

Death, thy servant, is at my door. He has crossed the unknown sea and brought thy call to my home.
The night is dark and my heart is fearful - yet I will take up the lamp, open my gates and bow to him my welcome.
It is thy messenger who stands at my door.
I will worship him with folded hands, and with tears. I will worship him placing at his feet the treasure of my heart.
He will go back with his errand done, leaving a dark show on my morning; and in my desolate home only my forlorn self will remain as my last offering to thee.

Originally published 1913 in Great Britain by Macmillan Publishing Company
Renewed 1941 by Rabindranath Tagore
Present edition is published 1997 by Simon & Schuster Inc.
This verse has been translated into Korean by Jae-Oh Yang and is printed in this book. The Korean title of this verse is <당신의 종, 죽음이 내 문간에>.

Death Is Nothing At All

Death is nothing at all.
I have only slipped away to the next room.
I am I and you are you.
Whatever we were to each other,
That, we still are.

Call me by my old familiar name.
Speak to me in the easy way
which you always used.
Put no difference into your tone.
Wear no forced air of solemnity or sorrow.

Laugh as we always laughed
at the little jokes we enjoyed together.
Play, smile, think of me. Pray for me.
Let my name be ever the household word
that it always was.
Let it be spoken without effect.
Without the trace of a shadow on it.

Life means all that it ever meant.
It is the same that it ever was.

There is absolute unbroken continuity.
Why should I be out of mind
because I am out of sight?

I am but waiting for you.
For an interval.
Somewhere. Very near.
Just around the corner.

All is well.

Nothing is past; nothing is lost.
One brief moment and all will be
as it was before only better, infinitely happier
and forever we will all be one together with Christ.

by Henry Scott Holland(1847-1918)
This prose poem has been translated into Korean by Jae-Oh Yang and is printed in this book. The Korean title of this prose poem is <죽음은 별것이 아니에요>.

The legend of the raindrop

The legend of the raindrop has a lesson for us all.
As it trembled in the the heavens questioning wether it should fall,
For the glistening raindrop argued to the genie of the sky,
"I am beautiful and lovely as a sparkle here on high,
And hanging here I will become part of the rainbow's hue,
And I'll shimmer like a diamond,
For all the world to view",
But the genie told the raindrop,
"Don't hesitate to go,
For you will be more beautiful,
If you fall to earth below, you will sink in the soil.
And be lost awhile in sight,
But when you reappear on earth,
You will be looked on with delight,
For you will be the raindrop,
That quenched the thirsty ground,
And helped the lovely flowers,
To blossom all around,
And in your resurrection,
You'll appear in queenly clothes,
With the beauty of the lily,

And the fragrance of the rose,
Then you will wilt and wither,
And become part of the earth,
And make the soil more fertile,
And give more flowers birth,
For there is nothing ever lost,
Or eternally neglected,
For everything God ever made,
Is always resurrected,
So trust God's all wise wisdom,
And doubt the Father never,
For in His Heavenly Kingdom,
Nothing is lost forever."

by Helen Steiner Rice(1900-1981)
This prose has been translated into both Korean and Chinese by Jae-Oh Yang, and also the both are printed in this book. The Korean title of this prose is <빗방울의 전설> *and the Chinese title is* <雨滴的傳說>.

Footprints

One night a man had a dream.
He dreamed he was walking along the beach with the Lord.
Across the sky flashed scenes from his life.
For each scene, he noticed two sets of footprints in the sand;
one belonged to him and the other the the Lord.

When the last scene of his life flashed before him,
he looked back at the footprints in the sand.
He noticed that many times along the path of his life there was only one set of footprints.
He also noticed that it happened at the very lowest and saddest times in his life.

This really bothered him and he questioned the Lord about it.
"Lord, you said that once I decided to follow you, you'd walk with me all the way.
But I've noticed during the most troublesome times in my life there is only one set of footprints.
I don't understand why when I needed you most you would leave me."

The Lord replied, "My precious, precious child. I love you and I would never leave you.
During your times of trial and suffering, when you see only one set of footprints, it was then that I carried you."

Author Unknown
This prose poem has been translated into Korean by Jae-Oh Yang and is printed in this book. The Korean title of this prose poem is <발자국들>.

Oh, Great Spirit

Oh, Great Spirit, whose voice I hear in the winds and whose breath gives life to the world.
Hear me!
I come to you as one of your many children.
I am small and weak.
I need your strength and wisdom.
Let me walk in beauty, and make my eyes ever behold the red and purple sunset.
Make my hands respect the things you have made and my ears sharp to hear your voice.
Make me wise so that I may understand the things you have taught your children.
Let me learn the lessons you have hidden in every leaf and rock.
I seek strength, not to be greater than my brother, but to fight my greatest enemy - myself.
Make me ready to come to you with clean hands and straight eyes.
And when life fades, as the fading sunset, may my spirit come to you without shame.

Originally by Chief Yellow Lark of Lakota Sioux

Translated into English – 1887

This verse has been translated into Korean by Jae-Oh Yang and is printed in this book. The Korean title of this verse is <오, 위대한 영이시여>.

8

Doorkeeper of the Heart

I am fully qualified to work as a doorkeeper,
and for this reason:
What is inside me, I don't let out:
What is outside me, I don't let in.
If someone comes in, he goes right out again—
He has nothing to do with me at all.
I am a Doorkeeper of the Heart, not a lump of wet clay.

According to tradition, people admit this verse was written in Farsi by Rabia(718 ? – 801), and translated into English by Charles Upton. This verse has been translated into Korean by Jae-Oh Yang and is printed in this book. The Korean title of this verse is <마음의 문지기>.

Without Veil

Serving Girl:

"It's Spring, Rabi'a—

Why not come outside,

And look at all the beauty God has made!"

Rabi'a:

"Why not come inside instead, serving girl

And see the One who made it all—

Naked, without veil."

According to tradition, people admit this verse was written in Farsi by Rabia(718 ? – 801), and translated into English by Charles Upton. This verse has been translated into Korean by Jae-Oh Yang and is printed in this book. The Korean title of this verse is <베일을 벗고>.

My Choicest Hours

Your hope in my heart is the rarest treasure
Your Name on my tongue is the sweetest word
My choicest hours
Are the hours I spend with You—

O God, I can't live in this world
Without remembering You—
How can I endure the next world
Without seeing Your face?

I am a stranger in Your country
And lonely among Your worshippers:
This is the substance of my complaint.

According to tradition, people admit this verse was written in Farsi by Rabia(718 ? – 801), and translated into English by Charles Upton. This verse has been translated into Korean by Jae-Oh Yang and is printed in this book. The Korean title of this verse is <가장 좋아하는 시간들>.

The Voice of Anything

O God,
Whenever I listen to the voice of anything You have made—
The rustling of the trees
The trickling of water
The cries of birds
The flickering of shadow
The roar of the wind
The song of the thunder,
I hear it saying:

> God is One!
> Nothing can be compared with God!

*According to tradition, people admit this verse was written in Farsi by Rabia(718 ? – 801), and translated into English by Charles Upton. This verse has been translated into Korean by Jae-Oh Yang and is printed in this book. The Korean title of this verse is <*어떤 것의 소리*>.*

Another Night is Passing Away

O God,
Another Night is passing away,
Another Day is rising—
Tell me that I have spent the Night well so I can be at peace,
Or that I have wasted it, so I can mourn for what is lost.
I swear that ever since the first day You brought me back to life,
The day You became my Friend,
I have not slept—
And even if You drive me from your door,
I swear again that we will never be separated—
Because You are alive in my heart.

According to tradition, people admit this verse was written in Farsi by Rabia(718 ? – 801), and translated into English by Charles Upton. This verse has been translated into Korean by Jae-Oh Yang and is printed in this book. The Korean title of this verse is <또 한 밤이 지나가고>.

For Yourself Alone

O God,
If tomorrow on the Day of Judgement You send me to Hell
I will tell such a secret that Hell will break and run from me
Until it is a thousand years away.

Give the goods of this world to Your enemies—
Give the treasures of Paradise to Your friends—
But as for me—You are all I need.

O God!
If I adore You out of fear of Hell, burn me in Hell!
If I adore You out of desire for Paradise,
Lock me out of Paradise.
But if I adore You for Yourself alone,
Do not deny to me Your eternal beauty.

According to tradition, people admit this verse was written in Farsi by Rabia(718 ? – 801), and translated into English by Charles Upton. This verse has been translated into Korean by Jae-Oh Yang and is printed in this book. The Korean title of this verse is <오직 당신만을 위하여>.

Love is the astrolabe of God's mysteries

Love is the astrolabe of God's mysteries.
A lover may be drawn to this love or that love,
But finally he is drawn to the Sultan of love.
However much we describe and explain love,
When we fall in love we are ashamed of our words.
Explanation by the tongue makes most things clear,
But love unexplained is clearer.
When the pen came to the subject of love, it broke.
When the discourse reached the topic of love,
The pen split and the paper tore.
If it tries to explain it, intellect sticks fast, an ass in mud;
Only Love itself can explain love and lovers!
None but the sun can display the sun,
If you wish to see it, don't turn away form it.
Shadows may be a sign of the sun's presence,
But only the sun offers life-giving light.
Shadows bring on slumber, like evening talk,
But when the sun rises the moon is spilt apart.[54:1]
In the world there is nothing so wondrous as the sun,
But the Sun of the soul never sets, it is eternal.
Though the external sun is unique and single,
one can imagine other suns like it.

But the Sun of the soul, beyond the heavens,
Has no similar, neither manifest nor imagined.
Where is there room in conception for His essence,
So that the like of Him might be conceivable?
The Sun, yes, one of the beams of God!
When praise was heard of the "Sun of Tabriz,"
The sun of the fourth heaven bowed its head.
Now that I have mentioned his name, it is but right
To offer some signs of his beneficence.
That precious soul caught my skirt,
smelling the fragrance of the garment of Joseph;
and said, "For the sake of our ancient friendship,
speak a hint of those sweet states of ecstasy,
that earth and heaven might rejoice,
that intellect and spirit, and eye might increase a hundredfold."
[Mathnawi 1: 110-127]

Originally written in Farsi by Rumi(1207-1273), and translated into English by Camille Adams Helminski. This verse has been translated into Korean by Jae-Oh Yang and is printed in this book. The Korean title of this verse is <사랑은 하느님의 신비의 천체관측기>.

There's Nothing Ahead

Lovers think they're looking for each other,
but there's only one search: Wandering
this world is wandering that, both inside one
transparent sky. In here
there is no dogma and no heresy.

The miracle of Jesus is himself, not what he said or did
about the future. Forget the future.
I'd worship someone who could do that!

On the way you may want to look back, or not,
but if you can say There's nothing ahead,
there will be nothing there.

Stretch your arms and take hold the cloth of your cloths
with both hands. The cure for pain is in the pain.
Good and bad are mixed. If you don't have both,
you don't belong with us.

When one of us get's lost, is not here, he must be inside us.
There's no place like that anywhere in the world.

Originally written in Farsi by Rumi(1207-1273), and translated into English by John Moyne and Coleman Barks. This verse has been translated into Korean by Jae-Oh Yang and is printed in this book. The Korean title of this verse is <앞에 아무 것도 없습니다>.

Maybe They're Shy

Now the nightbirds will be singing
of the way we love each other.
Why should they sing about flowers
when they've seen us in the garden?

Maybe they're shy. They can't look at the face,
so they describe feet.
If they keep dividing love into pieces,
they'll disappear altogether. We must be gentle
and explain it to them.

Think of a mountain so huge the Caucasus Range
is a tiny speck. Normal mountains
run toward her when she calls.
They listen in their cave-ears and echo back.
They turn upside-down when they get close,
they're so excited.

No more words. In the name of this place we drink in
with our breathing, stay quiet like a flower.
So the nightbirds will start singing.

Originally written in Farsi by Rumi(1207-1273), and translated into English by John Moyne and Coleman Barks. This verse has been translated into Korean by Jae-Oh Yang and is printed in this book. The Korean title of this verse is <어쩌면 그들은 수줍어서>.

Be Melting Snow

Totally conscious, and apropos of nothing, you come to see me.
Is someone here? I ask.
The moon. The full moon is inside your house.

My friends and I go running out into the street.
I'm in here, comes a voice from the house, but we aren't listening
We're looking up at the sky.
My pet nightingale sobs like a drunk in the garden.
Ringdoves scatter with small cries, Where, Where.
It's midnight. The whole neighborhood is up and out in the street
thinking, The cat-burglar has come back.
The actual thief is there too, saying out loud,
Yes, the cat-burglar is somewhere in this crowd.
No one pays attention.

Lo, I am with always, means when you look for God,
God is in the look of your eyes,
in the thought of looking, nearer to you than your self,
or things that have happened to you.

There's no need to go outside.
Be melting snow.
Wash yourself of yourself.

A white flower grows in the quietness.
Let your tongue become that flower.

Originally written in Farsi by Rumi(1207-1273), and translated into English by A. J. Arberry and Coleman Barks. This verse has been translated into Korean by Jae-Oh Yang and is printed in this book. The Korean title of this verse is <녹아내린 눈이 되십시오>.

There are hundreds of religious books

There are hundreds of religious books
yet they are all one chapter,
there are a hundred different holy places
yet only one altar.
All roads lead to the one House
from one seed a thousand ears of corn emerge.
There are many kinds of food and drink
with one purpose only, to feed.
The eyes of hunger are greedy,
when satiated with one kind of food
all others become repulsive to your heart.

<Masnavi> Volume 6, 3667-3671, originally written in Farsi by Rumi(1207-1273)
*Translated into English by Maryam Mafi and Azima Melita Kolin. This verse has been translated into Korean by Jae-Oh Yang and is printed in this book. The Korean title of this verse is <*기백 권의 종교 서적이 있어도*>.*

Happy is the moment

Happy is the moment when with compassion
you caress the lover's head.
Happy is the moment when the breeze
of spring arises from the depths of autumn.

Happy is the moment when with a cup of wine
the Beloved invites you to the gathering,
that immortal wine makes every atom rejoice.

Happy is the moment when the Beloved
demands a promise and sweetly accepts your pledge.

Happy is the moment when the heart says,
"I have not yet planted my garden."
and you reply, "Whatever you plant shall grow."

Happy is the moment when separation
bids you, "Good night."

Happy is the moment when dawn
greets you, "Good morning."

Happy is the moment when Love
wrapped in the cloud of divine grace
rains pearls upon the desert.

<Divan of Shamz> 2814, originally written in Farsi by Rumi(1207-1273) Translated into English by Maryam Mafi and Azima Melita Kolin. This verse has been translated into Korean by Jae-Oh Yang and is printed in this book. The Korean title of this verse is <행복은 순간입니다>.

As candlelight is absorbed

As candlelight is absorbed in the rays of the sun
as the rivers are absorbed in the Sea
so the lover melts into the Beloved.
Until the lover is consumed completely by longing
the Beloved's face remains hidden.

<Shafii Kadkani's Selection of the Divan> 142, originally written in Farsi by Rumi(1207-1273)
Translated into English by Maryam Mafi and Azima Melita Colin. This verse has been translated into Korean by Jae-Oh Yang and is printed in this book. The Korean title of this verse is <촛불이 흡수되는 것처럼>.

However old, Incapable

However old, Incapable,
And heart-sick I may be,
The moment I recall your face
My youth's restored to me;

Thanks be to God that all I sought
From Him I have received,
That my exertions brought to me
The fortune I've achieved.

Rejoice, young sapling, in your glory,
For in your shadow there
I am the nightingale whose songs
Are heard now everywhere.

To me, at first, the heights and depths
Of Being were unknown,
But schooled within my longing for you
How well informed I've grown!

Fate drags me to the wine-shop's door—
And though I turn and twist,
That's where I always finish up;
It's useless to resist.

It's not that I am old in months
And years; if truth be told
The friend I love's untrue to me—
It's this that makes me old.

Within my heart, the door of meaning
Opened the day I sought
Our ancient Zoroastrian out
And entered in his court.

On Glory's highway, and upon
Good Fortune's throne, I raise
The wine-cup, and receive my friends'
Warm welcome and their praise!

And from that moment that your glance
First troubled me, I'm sure
I've been immune to all the troubles
The last days have in store.

Last night God's kindness brought good news—
"Hafez, I guarantee
That all your sins will be forgiven;
Come back, return to Me!"

Originally written in Farsi by Hafez(1315-1390), and translated into English by Dick Davis. This verse has been translated into Korean by Jae-Oh Yang and is printed in this book. The Korean title of this verse is 〈늙고 무력해져서〉.

I Rain

I rain
Because your meadows call
For God.

I weave light into words so that
When your mind holds them

Your eyes will relinquish their sadness,
Turn bright, a little brighter, giving to us
The way a candle does
To the dark.

I have wrapped my laugher like a birthday gift
And left it beside your bed.

I have planted the wisdom in my heart
Next to every signpost in the sky.

A wealthy man
Often becomes eccentric,

A divine crazed soul

Is transformed into infinite generosity

Tying gold sacks of gratuity
To the dangling feet of moons, planets, ecstatic
Midair dervishes, and singing birds.

I speak
Because every cell in your body
Is reaching out
For God.

Originally written in Farsi by Hafez(1315-1390), and translated into English by Daniel Ladinsky. This verse has been translated into Korean by Jae-Oh Yang and is printed in this book. The Korean title of this verse is <나는 비를 내립니다>.

On this tree is a bird

On this tree is a bird: it dances in the joy of life.
None knows where it is: and who knows what the burden of its music may be?
Where the branches throw a deep shade, there does it have its nest: and it comes in the evening and flies away in the morning, and says not a word of that which it means.
None tell me of this bird that sings within me.
It is neither coloured nor colourless: it has neither form nor outline: It sits in the shadow of love.
It dwells within the Unattainable, the Infinite, and the Eternal; and no one marks when it comes and goes.
Kabir says: "O brother Sadhu! deep is the mystery. Let wise men seek to know where rests that bird."

SONGS OF KABIR
Translated by Rabindranath Tagore, Assisted by Evelyn Underhill
The Macmillan Company in New York, 1915
This verse has been translated into Korean by Jae-Oh Yang and is printed in this book. The Korean title of this verse is <이 나무 위에 새가 있네>.

Dance, my heart!

Dance, my heart! dance to-day with joy.
The strains of love fill the days and the nights with music, and the world is listening to its melodies: Mad with joy, life and death dance to the rhythm of this music. The hills and the sea and the earth dance. The world of man dances in laughter and tears.
Why put on the robe of the monk, and live aloof from the world in lonely pride?
Behold! my heart dances in the delight of a hundred arts; and the Creator is well pleased.

SONGS OF KABIR
Translated by Rabindranath Tagore, Assisted by Evelyn Underhill
The Macmillan Company in New York, 1915
This verse has been translated into Korean by Jae-Oh Yang and is printed in this book. The Korean title of this verse is <내 가슴이여, 춤을 추어라!>.

There is a strange tree

There is a strange tree, which stands without roots and bears fruits without blossoming;
It has no branches and no leaves, it is lotus all over.
Two birds sing there; one is the Guru, and the other the disciple:
The disciple chooses the manifold fruits of life and tastes them, and the Guru beholds him in joy.
What Kabir says is hard to understand:
"The bird is beyond seeking, yet it is most clearly visible.
The Formless is in the midst of all forms. I sing the glory of forms."

SONGS OF KABIR
Translated by Rabindranath Tagore, Assisted by Evelyn Underhill
The Macmillan Company in New York, 1915
This verse has been translated into Korean by Jae-Oh Yang and is printed in this book. The Korean title of this verse is <이상한 나무가 있네>.

The flute of the Infinite

The flute of the Infinite is played without ceasing, and its sound is love:
When love renounces all limits, it reaches truth.
How widely the fragrance spreads! It has no end, nothing stands in its way.
The form of this melody is bright like a million suns; incomparably sounds the vina, the vina of the notes of truth.

SONGS OF KABIR
Translated by Rabindranath Tagore, Assisted by Evelyn Underhill
The Macmillan Company in New York, 1915
This verse has been translated into Korean by Jae-Oh Yang and is printed in this book. The Korean title of this verse is <무한한 신의 피리>.

Desolation

For the servant of God
Consolation is the place of danger
Where he may be deluded
(Accepting only what he sees,
Experience, or knows)
But desolation is his home;
For in desolation he is seized by God
And entirely taken over into God,
In darkness, in emptiness,
In loss, in death of self.
Then the self is only ashes, Not even ashes!

by Thomas Merton(1915-1968)
This verse has been translated into Korean by Jae-Oh Yang and is printed in this book. The Korean title of this verse is <황무지>.

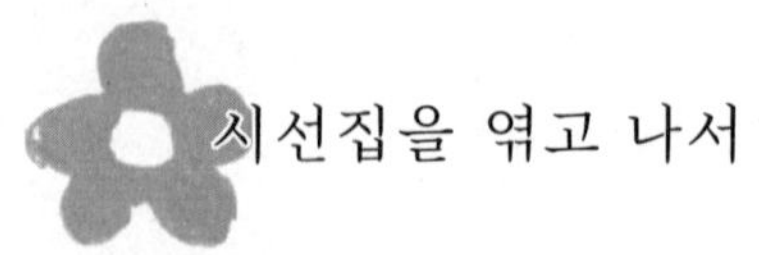

시선집을 엮고 나서

이 시선집에 실린 대부분의 시는 일찍이 내 블로그에 올렸던 것이다. 모두 121편을 골라 여기에 실었다.

그 가운데,

한글로 읽을 수 있는 시는 모두 73편이다(내가 지은 28편과 중국어와 영어에서 내가 한글로 번역한 44편, 거기에 더하여 최민순 신부님의 시 1편이 포함되었다).

중국어로 읽을 수 있는 시는 모두 11편이다(그 가운데 내가 지은 1편과 내가 중국어로 번역한 5편도 포함되었다).

영어로 읽을 수 있는 시는 모두 37편이다(그것은 모두 내가 한글로 번역하여 여기에 실었다).

이렇게 내가 지은 것과 번역한 것 그리고 다른 이들이 지은 것을 모아서 한 권으로 엮었다. 그리고 그 가운데 어떤 시에 대해서는 해당 시 아래쪽에 관련 정보와 내 감상평을 곁들이기도 했다.

이 세상에 수많은 언어가 있으며, 실제로 그 모든 언어는 본디 저마다 그 나름의 '어감(語感)' 곧 '말의 느낌'이 있다. 하나의 '문자'나 '낱말'도 쓰임과 그것이 배치된 맥락에 따라 느낌이 다르고 맛과 멋이 다르다. 또 어떤 말이든지 그것을 곱씹을수록 그 맛이 더해지고 풍요를 더한다. 너나 할 것 없이 우리는 말[글]을 떠나 살 수 없고, 말을 떠나 생각조차 할 수 없다. 말은 이처럼 우리의 삶에서 필요불가결하다. 그리고 사람들은 줄기차게 말과 글을 곱씹어 되새기고 다듬어 써왔고, 또 앞으로도 그럴 것이다.

여기에 실린 이름하여 시(詩)라 하는 글 모음을 통해서도, 우리는 문자와 낱말이 각기 쓰이고 배치된 정황과 맥락에서 전해오는 그 특유의 느낌을 맛볼 수 있을 게다. 바라건대 여기 실린 시들이 건조한 현실 한가운데서 살고 있는 이들의 마음 밭을 다소라도 촉촉이 적셔줄 수 있으면 좋겠다.

2020년 새해를 맞으며

타이완 신주 샹산 新竹 香山 에서

양재오 보나벤투라 신부

《梁在五 韓中英詩選》後記

這本「詩選」裡的詩大多數是來自於我博客裡的內容，共有121篇。其中 以韓文能讀到的詩是73篇(包含我自己寫作的28篇、自中文翻譯成韓文的7篇、自英文翻譯成韓文的37篇，以及崔玟順神父的1篇詩)；以中文能讀到的詩是11篇(我寫作的1篇、與我自韓文和英文翻譯成中文共6篇也包含在內)；還有，以英文能讀到的詩是37篇(這些英文詩都已翻譯成韓文，收錄於此書內)。如此一來，由我寫作與翻譯的詩及其他人寫作的詩是共121篇，成了一本書。

世界上被使用的語言很多，每個語言都有它固有而獨特的「語感」。當我們在鑑賞每一個單字的用處和它的脈絡時，可以感受到它獨特的風格與滋味。同樣的，我們也很難想像離開語言的世界會是如何？若離開了它，我們根本無法對事物進行任何思考。因此，語言是在我們人類的生活裡不可或缺的，我們人類一直琢磨語言，以前如此，將來也會繼續。

憑著收錄在這本書裡的「詩」，我們也會品嚐文字在不同的脈絡裡發揮出來的獨特滋味。願這些詩能夠濕潤在煩忙而索然無味中生活者的胸口。

2020年初
於新竹香山